Ursula Oppermann-Weber

Mitarbeiterführung

Führungsansätze passend auswählen
Führungsinstrumente richtig einsetzen

POCKET BUSINESS

Cornelsen

Die Autorin

Ursula Oppermann-Weber ist selbstständige Trainerin und Beraterin für Management- und Kommunikationsentwicklung.

Der 1. Druck dieses Werkes ist erschienen bei:
Cornelsen Verlag GmbH & Co. OHG, Berlin

Verlagsredaktion: Ralf Boden
Grafik und technische Umsetzung: Holger Stoldt, Düsseldorf
Umschlaggestaltung: Katrin Nehm
Titelfoto: Getty Images Deutschland GmbH
(G. K. & Vikki Hart)

Cornelsen online www.cornelsen-berufskompetenz.de

2. Auflage Druck 4 3 2 1 Jahr 08 07 06 05

Druck: Druckhaus Berlin-Mitte

ISBN 3-589-21907-6

Bestellnummer 219076

Gedruckt auf säurefreiem Papier,
umweltschonend hergestellt aus chlorfrei gebleichten Faserstoffen.

Einleitung

Die immer größer werdende Komplexität der täglichen Anforderungen und Probleme fordert jede Führungskraft heraus. Neues Selbstbewusstsein der Führungskräfte im Umgang mit den Mitarbeitern und sich selbst ist gefragt.

Viele Mitarbeiter sind unzufrieden mit ihren Führungskräften, sind demotiviert und fühlen sich eher manipuliert als geführt. Ein Umdenken in Richtung Selbstverantwortung, mehr Vertrauen und Verlässlichkeit, Ernst- und Wahrnehmen der Individualität des Einzelnen und diese in den Mittelpunkt der Überlegungen von Personalführung zu stellen ist schon aus rein wirtschaftlichen Gründen ein Muss für die nächsten Jahre.

Die Kommunikation mit dem Mitarbeiter spielt dabei die entscheidende Rolle. Das Heil liegt aber nicht in immer neuen Techniken zur Erreichung der Konformität der Mitarbeiter, sondern in der Erkenntnis jeden einzelnen Mitarbeiter zu akzeptieren, auf ihn einzugehen, seine Stärken und Bedürfnisse zu erkennen und ihm im Unternehmen Möglichkeiten aufzuzeigen, damit er seine Persönlichkeit und Individualität für das Unternehmen einsetzen kann.

Zugunsten der Lesbarkeit wird in der Folge nur vom Mitarbeiter, dem Vorgesetzten und der Führungskraft gesprochen. Selbstverständlich sind auch alle weiblichen Mitarbeiter und Führungskräfte wertneutral in den Begriffen eingeschlossen.

Köln, im Herbst 2002 *Ursula Oppermann-Weber*

Inhaltsverzeichnis

3 Die Umsetzung des Führungs- und Leistungsprozesses

1 Führung, Führungskompetenz, Führungsverhalten

Ihr persönlicher Führungsstil

1.1 Was ist eigentlich „Führung"?

Führen ist mehr …

… als Leiten

Im Allgemeinen wird von jedem, der eine Position als Leiter einnimmt, erwartet, dass er auch führt. In der Praxis ist dies jedoch sowohl in Hinsicht auf zukunftsweisende Zielsetzungen und die Gestaltung von Arbeitsprozessen als auch in Hinblick auf das Führen von Mitarbeitern nicht immer gegeben.

Das bedeutet, dass ein Leiter zwar den sachlichen Prozess des Führens durch
- das Vorgeben von Zielen,
- Planen,
- Entscheiden,
- Realisieren und
- Kontrollieren

sicherstellt, damit jedoch nicht gleichzeitig auch gewährleistet, dass auch die Gestaltung der Leitungsaufgaben, das „Führen" der Mitarbeiter zum Ziel sichergestellt ist.
Dies gilt insbesondere für:
- die Form der Information,
- die Art und Weise der Kommunikation,
- die Motivation der Beteiligten und
- die Art und Weise der Delegation (d.h. die Einbeziehung der Mitarbeiter).

Zu führen bedeutet für Sie:

zu leiten:	**Vorgesetzter zu sein:**	**zu managen:**
sachliche Prozesse zu planen und anzuleiten	die hierarchisch definierte Position des Vorgesetzten innezuhaben	Ziel unter effizienter Ressourcennutzung zu erreichen
◆ Ziele definieren ◆ planen ◆ entscheiden ◆ realisieren ◆ kontrollieren	◆ Führungsebene 1 (Geschäftsführung, Vorstand) ◆ Führungsebene 2 (Abteilung, Regionalleitung) ◆ Führungsebene 3 (Teamleitung)	◆ organisieren ◆ haushalten ◆ lenken ◆ steuern

Gestaltung von

- Kommunikation
- Information
- Delegation
- Motivation

Die Definition von „Führung“

... als Vorgesetzter sein

Führen geht über die hierarchisch definierte Position des Vorgesetzten hinaus. Vorgesetzter zu sein, bedeutet in erster Linie aufgrund struktureller betrieblicher Vorgabe die jeweils nächst höhere Hierachiestufe innezuhaben. Dies ist mit fest definierten Informations-, Kommunikations- und Entscheidungsbefugnissen verbunden. Nimmt der „Vorgesetzte" über seine rein sachlichen Aufgaben hinaus keine Führung wahr, so übernehmen andere Personen diese Funktion.
In jeder Organisation gibt es informelle, nicht offizielle Führer, die hier dann besonders zum Zuge kommen. Dieses Phänomen findet man beispielsweise in „Vorzimmerdrachen", „guten Geistern des Hauses" oder auch „grauen Eminenzen", die im Hintergrund die Fäden in der Hand halten. Gibt es in Ihrem Unternehmen Personen, die so viel Macht gewonnen haben, dass sie in der Lage sind, ohne den jeweils offiziellen Vorgesetzten Prozesse zu steuern und zu beeinflussen? Dann liegen in Ihrer Organisation ganz klar gravierende Führungsmängel vor.

... als Management

Unter Management versteht man eine Sammlung spezifischer Funktionen (Aufgaben), die mithilfe bestimmter Techniken (Management-Techniken) von bestimmten Positionen mit geeigneter personeller Besetzung (Managern) wahrgenommen werden. Manager üben damit die Leitungsfunktion aus.
Der Begriff des Managens (engl. – haushalten) wird aktuell in der Praxis gleichgesetzt mit der effizienten Organisation und Abwicklung bestimmter Abläufe und Vorgänge unter Einbeziehung der vorhandenen Ressourcen. So spricht man im Sekretariatsbereich von Office-Management, im Personalbereich von Personal-Management und im Bildungsbereich von Bildungs-Management und im Projektbereich von Projekt-Management. Entsprechend heißt ein Projektleiter Projektmanager etc.
Der oben beschriebene Leitungsbegriff weicht zunehmend dem Managementbegriff. So, wie nicht jeder Leiter automa-

tisch führt, lässt sich das in der Praxis auch nicht von jedem Manager sagen.
Es wird zwischen mittlerem und höherem Management differenziert. Bei höheren Managementfunktionen ist die Führungsfunktion per Definition mitenthalten. Beim mittleren Management ist dies dagegen nicht notwendig der Fall. Umgekehrt gilt, dass nicht jeder, der führt, auch automatisch ein Manager ist.

In den letzten Jahren wurde die Gestaltung der Führung zunehmend in die Verantwortung der direkten Vorgesetzten gegeben.

Als Teamleiter, betrieblicher Leiter oder Schichtführer müssen Sie Mitarbeitergespräche führen, Beurteilungen machen, Feedback geben und Zielvereinbarungen mit Ihren Mitarbeitern treffen.
Sie gehören zum Führungskreis der Unternehmen. Sie sind am stärksten betroffen, was die Veränderung Ihrer Rolle, Ihres Selbstverständnisses und Ihrer Verantwortung als Führungskraft betrifft.

Mitarbeiterführung und Ihre Funktionen als Führungskraft

Mitarbeiterführung bedeutet, auf Mitarbeiter bzw. eine Gruppe von Mitarbeitern unter Berücksichtigung der jeweiligen Situation so einzuwirken und sie so zu entfalten, dass sie bestimmte gemeinsame unternehmerische Ziele erreichen.

Dazu müssen Sie drei Funktionsbereiche wahrnehmen.

Sachorientiert Aufgaben erledigen und Unternehmensziele verfolgen

- Ziele setzen oder interpretieren,
- Situationen analysieren,
- Probleme lösen und Entscheidungen treffen,

- planen, organisieren, koordinieren,
- delegieren und kontrollieren.

Sich um Ihre Mitarbeiter kümmern

Auf Ihre Mitarbeiter einwirken um

- ihre Mitarbeit im Unternehmen aufrecht zu erhalten,
- den erwarteten Beitrag zur Erreichung der Ziele zu leisten.

In diesem Zusammenhang nehmen Sie als Führungkraft folgende Aufgaben wahr:

- motivieren, anregen, Initiative ergreifen,
- anweisen, informieren, einführen,
- Konflikte erkennen und lösen helfen,
- anleiten und beraten,
- Gruppenstrukturen aufbauen und die Zusammenarbeit innerhalb der Gruppe und zwischen den Gruppen fördern (Teambildung und Teamführung),
- persönliche Belange der Mitarbeiter berücksichtigen,
- Fürsorge zeigen und sich um die Mitarbeiter kümmern,
- Leistungen der Mitarbeiter beurteilen,
- repräsentieren, symbolisieren (Vorbild sein).

Natürlich sollten Sie sich auch persönlich profilieren und Ihre eigene Position ausbauen.

Das umfasst:

- einen persönlichen Arbeitsstil zu finden und eigene Prioritäten zu setzen,
- die eigene Motivation und Zufriedenheit sicherzustellen,
- sich Wohlbefinden und Gesundheit zu erhalten,
- den eigenen Kompetenz- und Einflussbereich auszuschöpfen,
- persönliche Entwicklungs- und Karriereziele zu verfolgen,
- Ausbildungsmaßnahmen wahrzunehmen,
- in Interessenvertretungen zur Durchsetzung eigener Anliegen mitzuarbeiten,
- eigene Erfolge darzustellen.

Als Führungskraft sitzen Sie grundsätzlich zwischen sämtlichen Stühlen!

Wenn Sie als Führungskraft diese drei Funktionsbereiche wahrnehmen, geraten Sie grundsätzlich in einen Zielkonflikt: Die Realisierung ausgewiesener unternehmerischer Ziele, die Berücksichtigung von Mitarbeiterbedürfnissen und Wünschen sowie die Wahrnehmung eigener Vorstellungen, Wünsche und Bedürfnisse unter einen Hut zu bringen, ist nicht leicht.
Das nimmt Zeit und Energie in Anspruch, die sich bei systematischer Anwendung sicherlich mittel- bis langfristig bezahlt machen, die Ihnen aber in der Regel erst einmal in der Hektik des täglichen Geschäfts fehlen werden.
Das Zurücknehmen Ihrer eigenen Person ist in vielen Situationen absolut notwendig, jedoch sollte sich jede Führungskraft auch bewusst sein, dass Körper, Geist und Seele immer wieder aufgetankt werden müssen, um dauerhaft Höchstleistungen erbringen zu können.

Ihr „Bermuda-Dreieck“ als Führungskraft

Die Grundsäulen erfolgreicher Führung

Erfolgreich führen heißt, einen ausgewogenen Mittelweg zwischen Mitarbeiterorientierung, Leistungsorientierung und Selbstorientierung zu finden.

Das bedeutet für Sie:

- Als Führungskraft kennen Sie die unternehmerischen Belange Ihres Unternehmens und haben sich auch mit deren Umsetzung auseinander gesetzt.
- Als Führungskraft kennen Sie die Bedürfnisse Ihrer Mitarbeiter, setzen sich mit diesen auseinander und involvieren sie soweit es geht in den unternehmerischen Alltag.
- Als Führungskraft kennen Sie sich selbst mit Ihren Stärken und Grenzen und können eigene Bedürfnisse in den unternehmerischen Alltag einbringen, und zwar nicht auf Kosten von Mitarbeitern oder des Unternehmens.

1.2 Ihre Handlungskompetenzen als Führungskraft

Ihre Handlungskompetenz umschreibt alle Fähigkeiten und Fertigkeiten, die Sie als Führungskraft benötigen, um den Anforderungen an eine Führungsposition gerecht zu werden.

Eine Kompetenz in diesem Sinne ist ein Persönlichkeitsmerkmal oder ein Komplex von Verhaltensgewohnheiten, die zu effektiverer oder überlegener beruflicher Leistung führen.

Die Handlungskompetenz lässt sich in verschiedene Kernkompetenzen unterteilen.

Ihre Kernkompetenzen für Führungsaufgaben sind:

- Fachkompetenz,
- Sozialkompetenz,
- Methodenkompetenz,
- Persönlichkeitskompetenz.

Fachkompetenz

Fachkompetenz bedeutet, dass Sie Ihr Aufgabengebiet beherrschen, d. h. in Ihrem bisherigen Aufgabenbereich fachliche Fähigkeiten unter Beweis gestellt haben. Darüber hinaus sollten Sie in der Lage sein, Ihren spezifischen Erfahrungshintergrund auch für neue Aufgaben zu nutzen und, wo Ihnen einschlägige Erfahrung fehlt, rasch und gezielt das nötige Know-how zu erwerben. Ebenso müssen Sie in der Lage sein, Problemlösungen im Fach-Know-how weiterzuentwickeln, vorzugeben und innovativ zu bereichern.
Fachliche Kompetenz bedeutet weiterhin, über eine gewisse Breite an fachlichen Kenntnissen, Fähigkeiten und Fertigkeiten zu verfügen sowie fachübergreifende Kenntnisse und Kompetenzen in Bezug auf Prozessabläufe, Kommunikations- und Informationsstrukturen und eine interdisziplinäre Orientierung zu haben, wodurch Sie sich für ganz unterschiedliche Aufgaben qualifizieren.

Soziale Kompetenz

Soziale Kompetenz ist die Fähigkeit, mit anderen Personen konstruktiv zusammenzuarbeiten sowie Aufgaben gemeinsam anzugehen und zu bewältigen. Voraussetzung dafür ist die Bereitschaft, andere Menschen in ihrer jeweiligen Eigenart, mit ihrem speziellen Hintergrund, ihren Normen und Werten kennen zu lernen und sie zu akzeptieren, wie sie sind, aber auch die Fähigkeit, sich in fremde Menschen hineinzuversetzen und sich auf sie einzustellen. Besonders wichtig sind diese Fähigkeiten im Umgang mit Menschen mit einem anderen ethischen bzw. kulturellen Hintergrund. Dies gilt auch für die Zusammenarbeit mit Kollegen aus anderen Ländern und Unternehmensteilen. Hier ist Sensibilität und Wertschätzung für anderes und andere in hohem Maße gefordert. Soziale Kompetenz äußert sich ferner im sachlichen und fairen Verhalten bei Konflikten sowie in der Fähigkeit zum Ausgleich verschiedener Interessen sowie in der Mitarbeiterführung.

Methodenkompetenz

Methodenkompetenz bedeutet die Bereitschaft und die Fähigkeit, verschiedene methodische Ansätze situationsgerecht und personengerecht anzuwenden, um damit effektiver das Ziel zu erreichen.
Dies setzt voraus, dass Sie umfassend über die in Ihrem Fachgebiet anzuwendenden Methoden informiert sind. Sie entscheiden, welche Methode anzuwenden ist, z.B. in der Gesprächsführung, in der Ideenfindung, in der Präsentation oder im Rahmen der Vorgehensweise, die entweder unternehmerisch verbindlich vorgegeben und empfohlen ist oder die in Ihrem Entscheidungsspielraum liegt.
Die Systematisierung von Vorgehensweisen hat den Vorteil, dass Prozesse berechenbarer, transparenter und zielorientierter ablaufen. Die Methodenkompetenz sucht den effizientesten Weg zur Zielerreichung. Dazu gehört auch die Bereitschaft sich mit neuen Methoden vertraut zu machen, aber nicht die Methode zum Selbstzweck werden zu lassen, sondern situations- und zielgruppenbedingt abwägen, was wofür geeignet ist.

Persönlichkeitskompetenz

Menschen mit hoher Persönlichkeitskompetenz verfügen über eine innere Unabhängigkeit und zeichnen sich dadurch aus, dass sich ihre Arbeits- und Lebenszufriedenheit nicht in erster Linie aus der Anerkennung durch andere, aus Statussymbolen und materiellen Anreizen speist.
Vielmehr schöpfen sie Kraft und Ansporn aus dem Reiz der Aufgaben, denen sie sich stellen, aus dem Erfolg der eigenen Anstrengungen, aber auch aus ihrem Privatleben, das den Ausgleich zur beruflichen Anspannung bildet. Innerlich unabhängige Menschen trauen sich auch neue Wege zu gehen. Sie können mit Veränderungen umgehen, engagieren sich und „ruhen sozusagen in sich selbst".
Die Persönlichkeitskompetenz wirkt sich auf alle anderen Kompetenzbereiche aus.

1.3 Corporate Identity oder in welchem Rahmen führen Sie?

Jeder Mitarbeiter eines Unternehmens macht die Erfahrung, dass nicht nur das äußere Erscheinungsbild, sondern auch der so genannte „ Geist des Hauses“ oder die Unternehmensatmosphäre von Unternehmen zu Unternehmen sehr unterschiedlich geprägt ist.
Unter dieser Corporate Identity (Unternehmensidentität – Unternehmenspersönlichkeit) versteht man den schlüssigen Zusammenhang von Unternehmenserscheinungsbild (Corporate Design), Unternehmenskommunikation (Corporate Communication) und Unternehmensverhalten bzw. Unternehmenskultur (Corporate Behaviour bzw. Corporate Culture).
Unternehmenserscheinungsbild, Unternehmenskultur und Unternehmenskommunikation sind einerseits die Instrumente, die zur Verwirklichung der Unternehmenspersönlichkeit zur Verfügung stehen, andererseits sind sie aber auch der Maßstab, an dem die Öffentlichkeit und die eigenen Mitarbeiter das Unternehmen im Vergleich zu anderen Unternehmen bewerten. Diese Bewertung findet ihren sichtbaren Ausdruck im Image des Unternehmens.

Die Unternehmensleitlinien

Die Unternehmensphilosophie stellt sozusagen das „Dach“ über der Identität des Unternehmens dar. Sie ist der „rote Faden“ im Unternehmen, nach dem alle Ziele und Aktivitäten ausgerichtet werden müssen.
Die Unternehmensphilosophie definiert Unternehmensziele und Unternehmenszwecke in ökonomischer und sozialer Hinsicht. Dadurch wird festgeschrieben, in welche Richtung zukünftige und vor allem langfristige Aktivitäten des Unternehmens gehen sollen.
Aus der Unternehmensphilosophie werden die Unternehmensleitlinien abgeleitet, die alle weiteren Grundsätze für Kommu-

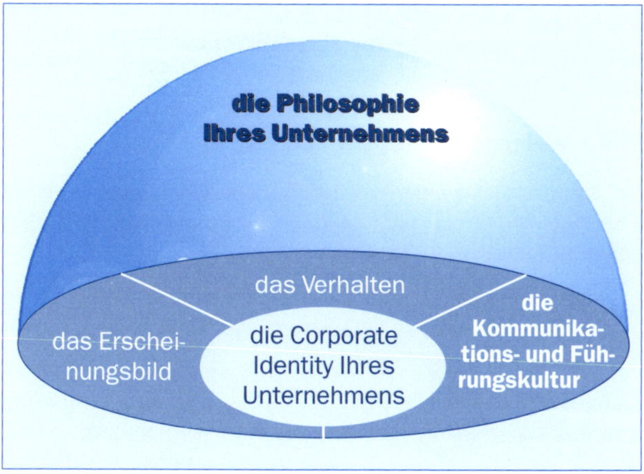

Innerhalb welchen Rahmens führen Sie?

nikation, Erscheinung und Verhalten festlegen. Die gesamte Organisation, das Engagement der Mitarbeiter und der Eindruck nach außen sowie das Führungsverhalten müssen sich dieser Kompetenzformulierung anpassen und unterordnen.

> In den Unternehmensleitlinien werden im Sinne der Unternehmenskultur unter anderem Führungs(verhaltens)grundsätze festgeschrieben, die für das Führungsverhalten jeder Führungskraft verbindlich sind.

Ganz unabhängig davon, welche Werte ein Unternehmen aufgrund seiner Firmenphilosophie in den Vordergrund stellt, entscheidet über den Erfolg ihrer Umsetzung innerhalb der spezifischen Unternehmenskultur in hohem Maße die Konsequenz, mit der die Werte von den Führungskräften aller hierarchischer Ebenen vorgelebt und somit bei vielen Mitarbeitern wie selbstverständlich angewandt werden.
Als Führungskraft müssen Sie sich dabei immer mehr bewusst machen, dass der entscheidende Wettbewerbsvorteil nicht nur

auf der Fachkompetenz, sondern auch auf der sozialen Kompetenz Ihrer Mitarbeiter und Mitarbeiterinnen beruht.

1.4 Welches Führungsverhalten zeigen Sie?

Im Unterschied zu den Führungs-Funktionen geht es beim Führungs-Stil um die charakteristische Art und Weise wie diese Funktionen ausgeführt werden.

> Ihr Führungsverhalten hat entscheidende Auswirkungen auf Wohlbefinden, Motivation, Leistungsfähigkeit und Produktivität Ihrer Mitarbeiter.

Dabei kann es sich um Ihren ganz persönlichen Führungsstil handeln, aber auch um den Ihres ganzen Unternehmens – wenn die Mehrheit der Führungskräfte dasselbe Führungsverhalten praktiziert.

Die bekanntesten Führungsstile

Autoritärer Führungsstil

Die Führung geht von einem mit hoher Machtfülle ausgestatteten Vorgesetzten (so genannter „Master next God") aus, der die notwendigen Entscheidungen ohne die Mitwirkung seiner Mitarbeiter (in diesem Falle besser „Untergebenen") trifft. Die Untergebenen haben die Entscheidung unverfälscht und zuverlässig auszuführen, wobei sie ständiger Kontrolle unterworfen sind.
Sein vorrangiges Ziel ist die Aufgabenerfüllung im sachlichen Bereich, während er die individuellen Belange der Mitarbeiter vernachlässigt. Positiv ist die klare Zielvorgabe und Anweisung, die klare Struktur sowie die Vorgabe einer Strategie.

Patriarchalischer Führungsstil

Beim patriarchalischen Führungsstil (Patriarchat = Vaterherrschaft) – dem autoritären Führungsstil verwandt – fühlt sich der

Vorgesetzte für seine in Abhängigkeit gehaltenen „Belegschaftskinder“ verantwortlich. Er entscheidet allein, was für sie gut oder schlecht ist. Beugen sich die „Kinder“ dem Willen des „Vaters“ nicht, greift der Vorgesetzte strafend ein.

Laissez-faire-Führungsstil

Der Laissez-faire-Führungsstil wird gekennzeichnet durch den Effekt der Desorganisation. Führen, d.h. Mitarbeiter auf ein gemeinsames Ziel hin unter Berücksichtigung der jeweiligen Situation zu beeinflussen, findet kaum statt.
Zwar stellt der Vorgesetzte die zur Entscheidungsfindung erforderlichen Informationen bereit, macht im Entscheidungsprozess jedoch keinen oder nur einen geringen Einfluss geltend. Selbstentfaltung jedes Einzelnen ist sehr wichtig. Alle Beteiligten sind „gleich“.
In diesem Führungsstil sind viele Elemente der Kreativität, Kommunikation („Wir sollten darüber reden“) und der Gleichheitsgrundsatz verankert.
Fragen der Planung, Organisation, Durchführung und Kontrolle werden entweder von der Gruppe beantwortet oder aber – und das ist ein vielfach in der Praxis zu beobachtender Nachteil – wegen nicht integrierter widerstreitender Meinungen nicht gelöst.

Kooperativer Führungsstil

Der kooperative Führungstil sieht seine Funktion darin, für bestmögliche Aufgabenerledigung bei gleichzeitig größtmöglicher Zufriedenheit der Mitarbeiter zu sorgen.
Positive Elemente des autoritären Führungsstils, wie z.B. klare Anweisungen und Ziele, Strategieentwicklungen, Kontrolle sowie positive Elemente des laissez-fairen Führungsstils wie Berücksichtigung der verschiedenen Interessen unabhängig von Hierarchien, die menschliche Gleichberechtigung sowie die Betonung von Kommunikation finden sich im kooperativen Führungsstil miteinander verknüpft und modifiziert wieder.

Die Führungskraft betrachtet die Geführten als Mitarbeiter und Partner, die am Willensbildungsprozess im Rahmen ihrer Fähigkeiten, ihres Wissens und ihrer Erfahrung aktiv mitwirken.

Sie arbeiten gemeinsam auf ein unternehmerisches Ziel hin, wobei sowohl Führungskraft als auch der Mitarbeiter Verantwortung für sein betriebswirtschaftliches Handeln und persönliches Verhalten übernehmen.
Durch das Herausstellen des Prinzips der Delegation von Aufgaben, Kompetenzen und Verantwortung wird dem Mitarbeiter ein hohes Maß an Selbstständigkeit ermöglicht. Unter Verzicht auf Zwang und persönliches Geltungs- und Machtstreben wird partnerschaftliches Denken und Handeln praktiziert.

Wie wollen Sie führen?

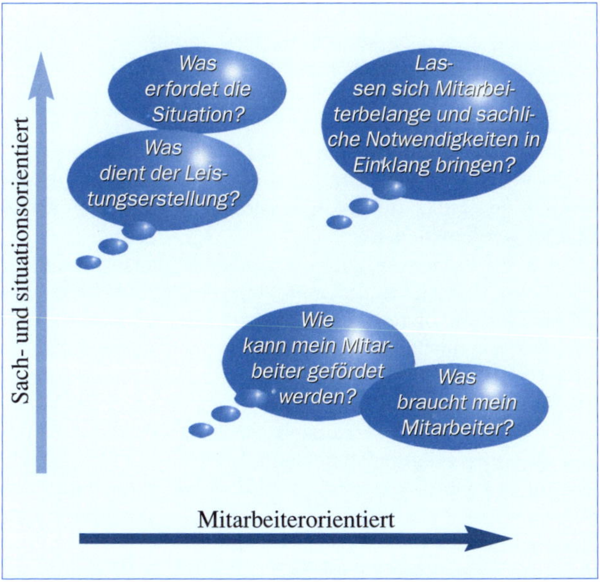

Sachorientiert oder mitarbeiterorientiert – das ist hier die Frage

Der kooperative Führungsstil bzw. eine angemessene Mischung aus Leistungs- und Mitarbeiterorientierung wird in der Regel allen Seiten gerecht.

> Durch einen gleichermaßen situations- und personenbezogenen Führungsstil können Sie sowohl Sachaufgaben zielorientiert erledigen als auch mit motivierten Mitarbeitern rechnen.

Im konkreten Einzelfall können natürlich Bedingungen und Ziele gegeben sein, die seine Verwirklichung erschweren, verhindern oder nicht als sinnvoll erscheinen lassen. Als Vorgesetzter haben Sie dann zu prüfen, wann und wie Sie Ihr Führungsverhalten optimieren können.

Der situations- und personenbezogene Führungstil

Sie sollten immer darauf achten, Ihr Führungsverhalten den entsprechenden Situationen anzupassen. So können Sie beispielsweise durchaus autoritär sein, wenn es erforderlich ist; etwa wenn dringender Handlungsbedarf besteht, keine Zeit für Diskussionen bleibt und knappe und präzise Anweisungen gefragt sind. In anderen Fällen verhalten Sie sich dagegen demokratisch und kooperativ, weil Spielräume da sind und ausgeschöpft werden können.

Da sich Situationen und auch die handelnden Personen ständig verändern, verbietet es sich auch, einen bestimmten Führungsstil als für immer passend zu „verabschieden", sondern es bedarf heute mehr denn je einer permanenten Auseinandersetzung mit den jeweiligen Mitarbeitern, ihren Bedürfnissen und Wünschen, ihren Fähigkeiten und Fertigkeiten, da jeder Mitarbeiter während seines Arbeitslebens verschiedene Phasen der „kompetenten Führung" durchläuft.

Ein solches Führungsverhalten wird als situationsbezogener Führungsstil bezeichnet, der die Art und Weise der Führung der Mitarbeiter vom jeweiligen Entwicklungsstand der betreffenden Mitarbeiter abhängig macht.

Holen Sie Ihre Mitarbeiter dort ab, wo sie stehen

Der Entwicklungsstand Ihres Mitarbeiters wird bestimmt durch die Komponenten

- Fachkometenz und
- Engagement (Motivation).

Einen Mitarbeiter, dem es an Kompetenz fehlt, werden Sie sehr eng und aufgabenorientiert, also direktiv, führen.

Ist schon mehr Kompetenz, dafür aber oft etwas weniger Engagement vorhanden, braucht Ihr Mitarbeiter zwar immer noch enge Führung, sollte aber schon eigene Ideen einbringen, um Motivationslage und Engagement zu verbessern. Kompetenz und Engagement werden so gleichermaßen trainiert.

Ist Ihr Mitarbeiter kompetent und erfahren, brauchen Sie ihn nur noch „seelisch und moralisch" zu stützen und ihn stärker in

Entscheidungen mit einbeziehen, um sein Engagement und seine Motivation weiter zu stabiliseren.
Im besten Falle stimmen Kompetenz und Engagement (Motivation) Ihres Mitarbeiters und Sie können ihm Aufgaben mit allen Kompetenzen und Pflichten übetragen.

Gestalten Sie Ihre Rolle als Führungskraft im Alltag

Kooperative Führung verlangt ein bestimmtes Verständnis der Vorgesetztenrolle. Der Vorgesetzte sieht sich nicht mehr als überlegener Einzelner, der seinen im Grunde arbeitsscheuen Untergebenen möglichst präzise Befehle zu geben und deren ordnungsgemäße Ausführung zu überwachen hat.
Er hat stattdessen in Zusammenarbeit mit seinen Mitarbeitern die ihnen gemeinsam vorgegebenen Zielsetzungen unter Beachtung der ebenfalls vorgegebenen Randbedingungen (Kosten, Termine, Technik, Organisation, Gesetze usw.) zu erfüllen.

> Ihre Rolle ist also weder die eines Herrschers, noch die eines Vereinsvorstandes, sondern die eines vermittelnden und ausgleichenden führenden Partners.

Von den einzelnen Führungsaufgaben gewinnen dabei gerade das Beraten, Trainieren und prozesssteuernde Begleiten für Sie besondere Bedeutung.
Als Führungskraft sind Sie für Ihre Mitarbeiter gewissermaßen wie ein „Treppengeländer", das sie bei ihrem Weg durchs Arbeitsleben Stufe für Stufe führt (auch durch manche Nebelschwaden und Unsicherheiten) und begleitet. Sie stellen ihnen das Ziel vor Augen und motivieren sie in Richtung Zielerreichung. Durch Feedback, klare Anweisungen und Richtungsvorgaben und nötigenfalls auch Kurskorrekturen leiten Sie Ihre Mitarbeiter an. Trotz Delegation und Selbstständigkeit können sich Ihre Mitarbeiter darauf verlassen, jederzeit auf Sie zurückkommen zu können. Das zwischenmenschliche Verhältnis ist geprägt von Respekt, gegenseitiger Achtung und Offenheit.

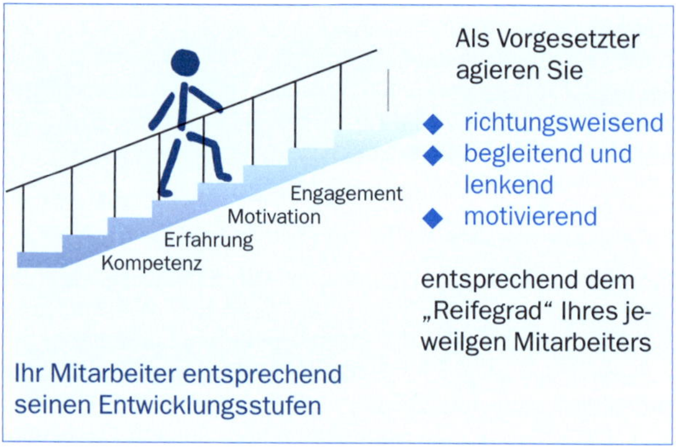

Als Vorgesetzter wirken Sie als „Treppengeländer" für Ihre Mitarbeiter

Das situationsgerechte und individuelle Eingehen auf jeden Mitarbeiter kostet nicht nur Geduld sondern auch Zeit. So laufen Sie in der Regel Gefahr, sich mit den Mitarbeitern, die die meisten Probleme haben oder machen, auch am intensivsten zu beschäftigen. Dies führt leicht dazu, dass Sie den guten Mitarbeitern, bei denen alles läuft, die immer gut drauf sind und keine Probleme machen, weniger Aufmerksamkeit schenken. Solche Mitarbeiter können dann im Laufe der Zeit durch Nichtbeachtung demitiviert werden.

Wichtig ist, dass Sie solchen Tendenzen vorbeugen, indem Sie regelmäßig allen Mitarbeitern – auch den unproblematischen – Feedback geben.

Auf den Punkt gebracht:

Nur durch einen authentischen, glaubwürdigen und mitarbeiterorientierten Führungsstil werden Sie etwas bewirken können

Um einen erfolgreichen Führungsstil zu entwickeln, achten Sie darauf:

- dass Sie sich einen Überblick über den Entwicklungsstand Ihrer Mitarbeiter verschaffen und wie viel Führung der Einzelne wirklich braucht,
- dass Sie regelmäßig Rückmeldungen an Ihre Mitarbeiter über deren Leistungen und ihre Stärken und Schwächen geben,
- dass Sie Ihren Mitarbeitern erläutern, was Sie zu tun gedenken, um sie zu fördern und sie zu entwickeln,
- dass Sie Ihrem Mitarbeiter sagen, warum Sie ihn enger führen, wenn das notwendig ist, und dass es Ihr Ziel ist, ihn dadurch selbstständiger und erfolgreicher zu machen,
- dass Sie Ziele setzen, herausfordernd aber erreichbar. Vereinbaren Sie diese Ziele gemeinsam in regelmäßigen Gesprächen,
- dass Sie Ihre Mitarbeiter partnerschaftlich und nicht von oben herab behandeln,
- dass Sie klare Maßstäbe setzen und eindeutige Spielregeln für Ihr Team formulieren. Sorgen Sie dafür, dass diese eingehalten werden. Behandeln Sie dabei alle Mitarbeiter gleich,
- dass Sie Haltungen und Werte, die Sie von Ihren Mitarbeitern fordern, auch selber leben und einhalten.

2 Führen ist Kommunikation – Kommunikation ist Führen

Warum und wie Sie mit Ihren Mitarbeitern reden müssen

2.1 Informieren Sie Ihre Mitarbeiter!

Die Information Ihrer Mitarbeiter ist eine unerlässliche Führungsaufgabe. Ohne umfassende und offene Information können Ihre Mitarbeiter weder mitdenken noch selbstständig handeln, andere vertreten, unterstützen oder beraten.

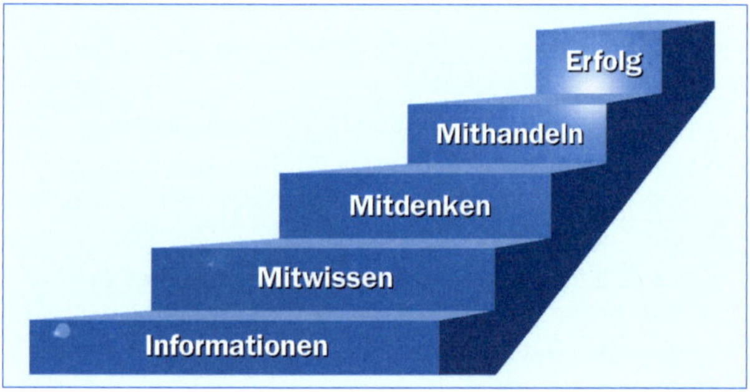

Nur informierte Mitarbeiter sind motivierte und erfolgreiche Mitarbeiter

Informationen in diesem Sinne sind nur diejenigen Tatsachen und Ereignisse, die für den Empfänger einen relativen Neuigkeitswert haben und die er für die Aus- und Durchführung der ihm übertragenen Aufgaben benötigt oder die dafür zumindest zweckmäßig sind.
Ein Zuviel an Information ist genauso falsch wie ein Zuwenig an Information.

Heutzutage liegt das Problem sicherlich nicht in der Beschaffung, sondern in der Auswahl der Information.

Mitarbeiter informieren – Worauf müssen Sie achten?

- Informationen müssen wahr sein. Manipulationen in Form von Weglassen, Verschweigen, Verfälschen oder Hinzufügen von Informationen können zwar kurzfristig vielleicht zum Erfolg führen, jedoch ist längerfristig unauasweichlich Vertrauensverlust die Folge, dem Sie in Ihrem ureigensten Interesse vorbeugen sollten.
- Informationen müssen vollständig sein. Erhält Ihr Mitarbeiter nicht alle für ihn notwendigen und vollständigen Informationen, so hat er keine reale Möglichkeit, fundierte und kompetente Entscheidungen zu treffen oder Prioritäten zu setzen. Erhält er nicht alle ihn betreffenden Informationen, wächst das Misstrauen gegenüber Vorgesetztem und Kollegen.
- Informationen müssen auf das Wesentliche beschränkt sein. Langatmigkeit und Abschweifungen sind zu vermeiden. Klare und übersichtliche Darstellung verhindert Informationsüberflutung.
- Informationen müssen verständlich sein. Klare, präzise Informationen verhindern Missverständnisse, verschiedene Auslegungsmöglichkeiten und häufige Rückfragen.
- Informationen müssen kontinuierlich und regelmäßig weitergegeben werden.
- Informationen werden nur dann mit Aufmerksamkeit aufgenommen, wenn sie für den Empfänger einen Nutzen haben. Als Vorgesetzter sollten Sie daher zu Beginn Ihrer Ausführungen den Nutzen Ihrer Information für Ihren Mitarbeiter klar darstellen.
- Informationen müssen umfassend sein, damit Ihr Mitarbeiter auch die Gesamtzusammenhänge versteht. Nur so kann er am allgemeinen betrieblichen Geschehen Anteil nehmen.

- Informationen müssen rechtzeitig übermittelt werden.
- Informationen müssen in einer für Ihren Ansprechpartner geeigneten und angemessenen Form übermittelt werden. Die Entscheidung über das Kommunikationsínstrument und die Kommunikationsform ist ebenso wichtig wie die Frage nach dem Wie.
- Informationen müssen auf dem richtigen Weg vermittelt werden (als Gespräch, als Brief, als Präsentation etc.).

So stellen Sie den Informationsfluss sicher

Als Vorgesetzter sollten Sie den Informationsfluss steuern und sichern. Dies können Sie erreichen, indem Sie kontrollieren, ob folgende Punkte in Ihrem Informationsfluss reibungslos zusammenwirken.

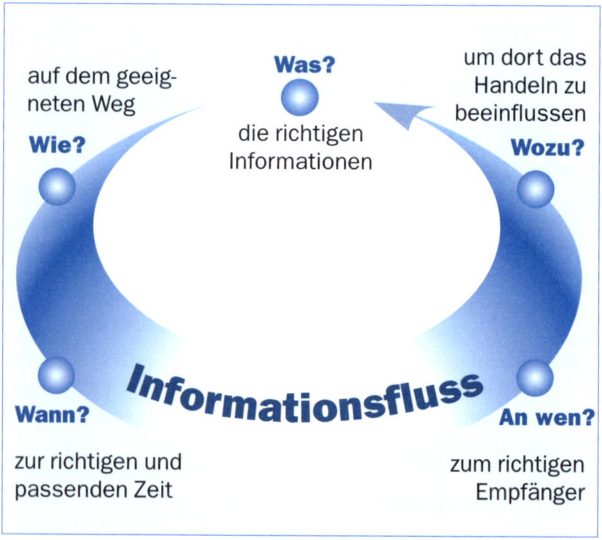

Stationen einer reibungslosen Informationsübermittlung

Innerhalb eines Unternehmens ist die Gesamtheit der Informationen einschließlich der Organisation des Informationsflusses über die horizontalen und vertikalen Informationswege festgelegt. Der tatsächliche Informationsfluss ergibt sich allerdings unabhängig von den „offiziellen Kanälen" aus den informellen Informationsstrukturen.

Der informelle Informationsfluss kann die offizelle Informationsstruktur und den damit verbundenen offiziellen Informationsfluss unterstützen, aber auch – wie die Praxiserfahrung zeigt – negativ beeinflussen.

2.2 Kommunikation mit Ihren Mitarbeitern ist „offene Kommunikation"

Offene Kommunikation ist die Grundlage jeder „erfolgreichen Kommunikation" und wird auch in der Mitarbeiterführung vorausgesetzt.

Ihre Kommunikation ist eine „offene Kommunikation", wenn Sie folgende Punkte beachten:

- Jeder ist für sich selbst verantwortlich.
  Bestimmen Sie selbst, was Sie sagen, wann und wo Sie etwas sagen. Sie haben die Verantwortung, was Sie aus dem Umgang mit Ihren Mitarbeitern machen. Ermutigen Sie Ihre Mitarbeiter auch für sich selbst die Verantwortung zu übernehmen.
- Sagen Sie, wie Sie sich fühlen.
  Wenn Sie sich nicht konzentrieren können, Stress haben, unzufrieden sind etc. sprechen Sie diese Gefühle Ihrerseits an. Dann kann sich Ihr Mitarbeiter besser auf Sie einstellen.
- Achten Sie auf Sachinhalt und Körpersprache gleichermaßen. Denken Sie daran: Die meisten Informationen werden nonverbal vermittelt!
- Verstecken Sie sich nicht hinter „man"- oder „wir"-Formulierungen. Geben Sie Ihre Mitteilungen in Form von „Ich-

Botschaften" weiter. Sprechen Sie für Ihre eigene Person und nicht für andere.

- Geben Sie Feedback über die Wirkung, die die Botschaft Ihres Mitarbeiters auf Sie hat. Nur so vermeiden Sie Spekulationen, Interpretationen, Missverständnisse und Aussagen wie: „Ich dachte, Sie meinten ..."
- Nehmen Sie Feedback, auch wenn es negativ ist, vom Mitarbeiter an. Es ist sehr wichtig, dass er Ihnen seine Sicht der Dinge zugänglich macht. Nur so haben Sie die Chance, eine andere Sichtweise kennen zu lernen und gegebenenfalls eigenes Verhalten zu korrigieren.

Gründe im Unternehmen, die offene Kommunikation verhindern

Die Erfahrung zeigt, dass es in der Praxis viele Schwierigkeiten gibt, die der Entfaltung einer wirklich offenen Kommunikation entgegenstehen.

Auf Unternehmensleitungsebene:

- die weit verbreitete Auffassung, nicht zu viel „aus der Schule zu plaudern" über Fragen, die niemanden etwas angehen,
- mangelndes Verständnis für die schwierige Arbeitssituation mittlerer Führungskräfte,
- eine sehr technische und schematisierte Unternehmensführung,
- das Einfordern und für Berechtigthalten von Vorrechten,
- große räumliche Distanz zu den Mitarbeitern.

Auf der mittleren Führungsebene:

- mangelndes Verständnis für die Verantwortung der Unternehmensleitung,
- mangelndes Verständnis der Belegschaft gegenüber,
- der Wunsch, sich mit der Unternehmensleitung gut zu stellen,

- der Wunsch, mit den Mitarbeitern immer gut auszukommen,
- der Wunsch, ehrgeizige Ziele unbedingt durchsetzen zu wollen,
- fehlende Kenntnisse der Präsentation und Darstellung,
- fehlende Kommunikationsfähigkeiten und -fertigkeiten.

Auf der Mitarbeiterebene:

- mangelnde Kenntnisse betriebswirtschaftlicher Zusammenhänge,
- mangelnde Kenntnisse über die Informations- und Kommunikationsstrukturen und Prozesse,
- mangelndes Verständnis für die Aufgaben der Unternehmensleitung und der Führungskräfte,
- Misstrauen gegenüber den Motiven der Unternehmensleitung und der Führungskräfte,
- der Wunsch nach Ansehen im Betrieb,
- räumliche und geistige Distanz zur Unternehmensleitung und zum Vorgesetzten.

Mit offener Kommunikation gelingt es Ihnen

- Missverständnisse zu beseitigen,
- genaue Gesprächsergebnisse zu erzielen,
- weniger oft beleidigt zu sein,
- das Miteinander im Verhältnis zu anderen Menschen zu stärken und
- Vertrauen aufzubauen.

Offene Kommunikation ist eine der wichtigsten Voraussetzungen für langfristigen Führungserfolg.

Auge in Auge: Das Mitarbeitergespräch als Führungsinstrument

Aller elektronischen Kommunikation zum Trotz wird das wichtigste kommunikative Grundinstrument der Führung auch auf absehbare Zeit das persönliche Gespräch zwischen Vorgesetzten und Mitarbeitern bleiben.

Bei folgenden Anlässen und Themen sollten Sie sich und Ihre Mitarbeiter durch ein Mitarbeitergespräch orientieren

Orientierung geben und Ziele vereinbaren

- Ziele vereinbaren ➠ **Zielvereinbarungsgespräch,**
- Sichtweisen des Mitarbeiters kennen lernen, Perspektiven entwickeln ➠ **Mitarbeiter(jahres)gespräch.**

Loslassen und Leistungsüberprüfung

- Sachaufgaben besprechen ➠ **Sach- und Fachgespräch,**
- Informationen gewinnen und weitergeben ➠ **Informationsgespräch,**
- Kompetenzen und Verantwortung übertragen ➠ **Delegationsgespräch,**
- Rückmeldungen geben ➠ **Feedback-Gespräch,**
- Gute Leistungen anerkennen ➠ **Anerkennungsgespräch,**
- Unzureichende Leistungen ansprechen ➠ **Kritikgespräch,**
- Veränderung bei bewussten und wiederholten Fehlern einfordern ➠ **Tadelgespräch,**

- Ziel-, Arbeits- und Leistungsüberprüfung ➠ **Kontrollgespräch,**
- Probleme ansprechen ➠ **Konfliktgespräch,**
- Mitarbeiter motivieren ➠ **Motivationsgespräch,**
- Krankensitutation von Mitarbeitern ansprechen ➠ **Präventions- und Rückkehrgespräch,**
- Klärung disziplinarischer Fragestellungen ➠ **Disziplinargespräch,**
- Suchtproblematiken ansprechen ➠ **stufenweises Rückkehrgespräch.**

Bilanz ziehen und Leistungen beurteilen

- Mitteilung der Leistungseinschätzung des Mitarbeiters ➠ **Beurteilungsgespräch,**
- Zielerreichungsgrad und Maß mitteilen ➠ **Zielerreichungsgespräch,**
- Erkennen von Stärken und Potenzialen ➠ **Potenzialgespräch.**

Mitarbeiter fördern und entwickeln

- Besprechung der Förderung des Mitarbeiters ➠ **Fördergespräch,**
- Unterstützung der Mitarbeiter in betrieblichen und persönlichen Fragestellungen ➠ **Coachinggespräch,**
- Kenntnisse und Fertigkeiten an die Mitarbeiter weitergeben ➠ **Unterweisungsgespräch.**

Personalgewinnung, Auswahl und Trennung

- Mitarbeiter auswählen ➠ **Personalauswahlgespräch,**
- Einführung von Mitarbeitern in das Team ➠ **Einführungsgespräch,**
- Trennung von Mitarbeitern ➠ **Trennungsgespräch, Austrittsgespräch.**

2.3 Das Mitarbeitergespräch ist Ihr wichtigstes Führungsinstrument

In der Mitarbeiterführung ist die selbstverständlichste und tagtäglich praktizierte Kommunikation das Gespräch von Angesicht zu Angesicht. Trotz permanenter Zunahme der Virtualität in den Beziehungen zwischen Vorgesetzten und Mitarbeitern (Sie lesen die E-Mail eines Mitarbeiters, der zwei Räume neben Ihnen sitzt, statt direkt mit ihm zu sprechen) sind bestimmte Themen einfach nicht für Telefon, Schriftform oder E-Mails geeignet.

> Das wichtigste kommunikative Grundinstrument der Führung wird daher auch auf absehbare Zeit das persönliche Gespräch sein.

Kommunikation, die im direkten Zusammenhang mit der Erledigung der Arbeit steht, wie z.B. laufende Arbeitsanweisungen des Vorgesetzten oder das Einholen einer kurzen Information durch den Mitarbeiter, um im Arbeitsprozess voranzukommen, fällt nicht unter den Begriff Mitarbeitergespräch. Es geht vielmehr um besondere Anlässe oder Themen, die den Vorgesetzten und den Mitarbeiter veranlassen, sich zusammenzusetzen und ihre Meinungen und Standpunkte miteinander auszutauschen.

> Zum Mitarbeitergespräch zählen also alle Gespräche zwischen Vorgesetzten und ihren Mitarbeitern, die über die routinemäßige Alltagskommunikation hinausgehen.

Folgende Merkmale definieren das Mitarbeitergespräch zusätzlich:

- Mitarbeitergespräche können sowohl zu regelmäßigen, geplanten Terminen (z.B. Beurteilungs-, Mitarbeiterjahres-, Fördergespräche) als auch anlassbezogen (z.B. Feedback-, Konflikt-, Motivations-, Präventionsgespräche) stattfinden.

- Mitarbeitergespräche werden in der Regel vom direkten Vorgesetzten geführt. Nur in Ausnahmefällen wird diese Aufgabe vom nächsthöheren Vorgesetzten oder von Mitarbeitern der Personalabteilung begleitet oder übernommen (z.B. bei Eskalationen oder bei wiederholten Gesprächen zum gleichen Thema).
- Mitarbeitergespräche sind zumeist Vier-Augen-Gespräche. In verschiedenen Fällen kann auf Wunsch oder Anraten der nächsthöhere Vorgesetzte oder eine weitere Person wie Mitarbeiter der Personalabteilung oder/und Betriebsrat bzw. Personalrat hinzugezogen werden (z.B. bei Eskalationen, disziplinarischen Inhalten oder sich ausweitenden Konflikten). In bestimmten, vom Gesetz genannten Fällen kann der Mitarbeiter die Teilnahme eines Betriebsratsmitglieds sogar verlangen (§ 82 Abs. 2 BetrVG).
- Mitarbeitergespräche haben einen bestimmten Sachinhalt und ein bestimmtes Ziel. Sie sind also nicht nur zur Kontaktpflege gedacht, sondern stellen wichtige Führungsinstrumente dar.

Mitarbeitergespräche bieten mehr Chancen als Risiken – und zwar für beide Seiten. Sie müssen allerdings auch richtig eingesetzt und ehrlich gemeint sein, sonst verfehlen sie ihr Ziel und tragen nicht zur besseren Kommunikation zwischen Führung und Mitarbeiter bei.
Vom Mitarbeitergespräch ist die Mitarbeiterbesprechung zu unterscheiden, die Sie als Vorgesetzter in der Regel mit einer Gruppe von Mitarbeitern führen.

Vorteile von Mitarbeitergesprächen sind:
- Die sachliche Kommunikation wird gefördert.
- Probleme werden nicht lange vor sich hergeschoben, sondern möglichst zeitnah angesprochen und gelöst.
- Ihr Mitarbeiter erfährt „wo er steht“. Dies ist in Bezug auf seine Motivation und seine Leistung für ihn sehr wichtig zu wissen.

- Es werden Perspektiven aufgezeigt und entwickelt.
- Der Dialog wird verstärkt.
- Sie erfahren viel über Ihre Mitarbeiter und ihre Bedürfnisse.
- Missverständisse und Vorurteile werden reduziert.
- Ein Hierachieebenen übergreifendes „Wir-Gefühl“ wird gefördert, das für ein positives Arbeitsklima unerlässlich ist.

Alle Mitarbeitergespräche sollten gut vorbereitet sein: Die verschiedenen Mitarbeitergespräche haben unterschiedliche Intentionen und verlaufen damit sowohl von der Zielsetzung als auch im Aufbau ganz unterschiedlich.

So führen Sie erfolgreiche Mitarbeitergespräche

Folgende Überlegungen sollte Ihre Vorbereitung immer beinhalten:

Organisatorische Überlegungen

- Welcher Termin bietet sich an?
- Wo sollte das Gespräch stattfinden?
- Welchen Zeitrahmen sollte das Gespräch haben?
- Welche Unterlagen muss ich bereithalten?
- Welche Daten muss ich mir im Vorfeld besorgen?

Inhaltliche Überlegungen

- Welches Ziel hat dieses Gespräch?
- Welche Themen sollte ich ansprechen?
- Sollte das Thema weiter aufgeteilt werden?
- Welche Lösungen könnte ich mir zu den einzelnen Punkten, die anzusprechen sind, vorstellen?
- Welche Einwände könnten von meinem Mitarbeiter kommen – wie argumentiere ich dann?
- In welchen Schritten sollte das Gespräch verlaufen?
- Muss ich die Ergebnisse des Gespräches mit anderen Personen abstimmen? Wenn ja mit welchen?

Auf Ihren Gesprächspartner bezogene Überlegungen

- Benötigt mein Mitarbeiter außer den Eckdaten weitere Informationen im Vorfeld, um sich ebenfalls auf das Gespräch vorbereiten zu können?
- Was möchte ich wie rüberbringen? Mit welchem Gefühl sollte mein Mitarbeiter aus dem Gespräch gehen?
- Wie ist meine Einstellung zu dem betreffenden Mitarbeiter?
- Wie verliefen frühere Gespräche?
- Welche Ziele und Motive bewegen meinen Mitarbeiter?
- Wie wird er vermutlich im Gespräch agieren und reagieren?

Sie halten die Fäden in der Hand: Ihre Gesprächsführung im Mitarbeitergespräch

Die Verantwortung für den Gesprächsablauf liegt bei Ihnen als Vorgesetztem. Sie haben auf die Einhaltung der Gesprächsregeln zu achten und die Aufgabe, das Gespräch zu lenken sowie eine ansprechende Gesprächsatmosphäre sicherzustellen.
Von Ihnen hängt also ab, ob wirklich ein fruchtbares Gespräch entsteht oder ob der Termin zu einer bloßen Formalie verkommt, der dazu dient, zu taktieren und bestimmte Gesprächsstrategien umzusetzen.

> Nur wenn Sie als Vorgesetzter das Gespräch als Führungsinstrument anerkennen, ernst nehmen und damit ehrlich und wertschätzend umgehen, wird Ihr Mitarbeiter die entsprechenden Konsequenzen auch annehmen.

Es ist auch nicht mit einem einmaligen Mitarbeitergespräch getan, sondern es muss sichergestellt werden, dass innerhalb des Führungsprozesses zwischen Ihnen und Ihren Mitarbeitern regelmäßig Gespräche stattfinden. Bleiben Mitarbeitergespräche eher „spontane Gespräche“, die ins Belieben der Führungskraft gestellt sind, kann keine Sicherstellung des Führungsprozesses im Sinne eines Unternehmens gewährleistet werden.

Mitarbeitergespräche müssen zu einer festen Institution im Führungsprozess eines Unternehmens werden.

Ansonsten entgehen einem Unternehmen viele Chancen, Mitarbeiter zu halten, zu entwickeln, zu motivieren aber auch Fehler zu erkennen, offen zu legen, zu korrigieren und Konflikte zu beseitigen. Gleiches gilt für die Sicherstellung von Ergebnissen und das Feedback über den Verlauf eines Arbeitsprozesses bis hin zu den Ergebnissen.

Der grundsätzliche Aufbau eines Mitarbeitergespräches

Alle themen- und zielorientierten Mitarbeitergespräche bauen auf einem grundsätzlichen Vorgehen auf. Die sachliche Argumentation sowie die situationsbezogene Anpassung kann hier natürlich nicht für jeden Fall vorgegeben werden, sondern bleibt Ihnen als Vorgesetzten vorbehalten.

Die Kenntnis des grundsätzlichen Gesprächsaufbaus hilft Ihnen, das Gespräch zu strukturieren, wesentliche Aspekte nicht zu vergessen und das Gesprächsziel nicht aus den Augen zu verlieren. Andererseits sollte der Gesprächsablauf genügend Spielraum für unerwartete Entwicklungen lassen.

Phase 1: Positive Einstimmung

- Höflichkeit und Freundlichkeit sind immer Grundvoraussetzung.
- Begrüssen Sie Ihren Mitarbeiter, gehen Sie auf ihn zu, und danken ihm für sein Kommen.
- Bieten Sie einen Platz an einem geeigneten Tisch an, setzen Sie sich und nennen Sie Thema und Bedeutung des Gespräches. Achten Sie auf angemessene Distanz.
- Stellen Sie sicher, dass Ihr Mitarbeiter auch „gesprächsbereit und da“ ist.
- Schaffen Sie zunächst ein positives und offenes Gesprächsklima.

Phase 2: Thema und Procedere

- Darstellung von Thema und Ziel des Gespräches
- Legen Sie Ablauf, Zeitumfang, Vorgehensweise des Gespräches dar.

Phase 3: Wie sieht Ihr Mitarbeiter die Angelegenheit?

- Fordern Sie Ihren Mitarbeiter auf, seine Sichtweise der Dinge zu schildern. (Bei einigen Themen des Mitarbeitergesprächs hat er sich idealerweise auch vorbereitet bzw. Gelegenheit dazu gehabt.)
- Machen Sie sich Notizen in dieser Phase, damit Sie die Argumente Ihres Mitarbeiters später wieder aufgreifen können. So müssen Sie ihn auch nicht unterbrechen.
- Geben Sie Ihrem Mitarbeiter Gelegenheit, Frust abzubauen und seinen Gefühlen Luft zu machen.
- Erwarten Sie keine rhetorische Höchstleistung oder zu viel Sachlichkeit, sonst gehen Ihnen wertvolle Informationen verloren.
- Halten Sie sich zurück. Kommentieren und bewerten Sie die emotionalen Aussagen Ihres Mitarbeiters nicht.

Phase 4: Wie beurteilen Sie die Dinge?

- Stellen Sie nun Ihre Sichtweise der Dinge dar. Falls sich aus den Äußerungen des Mitarbeiters Fragen ergeben, klären Sie diese zuerst ab.
- Bestätigen, korrigieren oder führen Sie die Aussagen des Mitarbeiters weiter.

Phase 5: Lösungsfindung

- Leiten Sie zum sachlichen Kerngespräch über.
- Arbeiten Sie die Unterschiede der verschiedenen Sichtweisen heraus.
- Suchen Sie gemeinsam die Ursachen für die unterschiedlichen Wahrnehmungen.
- Entwickeln Sie gemeinsam Lösungen, die für Sie und Ihren Mitarbeiter akzeptabel sind.

- Seien Sie so flexibel, Ihre Meinung im Gespräch zu verändern, wenn sich hierzu sachlich begründete Ansätze ergeben.
- Fassen Sie zusammen und bilden Sie Zwischenergebnisse.
- Verlieren Sie das Gesprächsziel und den roten Faden nicht aus den Augen.

Phase 6: Abschluss

- Fassen Sie alle wichtigen Punkte nochmals zusammen.
- Vereinbaren Sie konkrete Punkte und Termine zur weiteren Vorgehensweise und halten Sie diese gegebenenfalls schriftlich fest.
- Finden Sie einen positiven, motivierenden Abschluss.

Bereiten Sie das Mitarbeitergespräch nach und werten es hinsichtlich des Sachverhaltes und Ihres Gesprächspartners aus.

Einige Anregungen zur Nachbereitung

- Welche Maßnahmen müssen Sie veranlassen?
- Welche (Gesprächs-)Ziele haben Sie erreicht?
- Ist die Vorgehensweise (was?, wer?, bis wann?, an wen?) komplett festgelegt?
- Müssen andere Personen involviert oder informiert werden?
- Welche neuen Erkenntnisse haben Sie über Ihren Gesprächspartner gewonnen?
- Was sollten Sie bei zukünftigen Gesprächen beachten?
- Was würden Sie beim nächsten Gespräch anders machen?

2.4 Besprechungen leiten, lenken und moderieren

Natürlich müssen Sie als Vorgesetzter nicht nur mit einzelnen Mitarbeitern reden, sondern sich auch mit Mitarbeitergruppen absprechen. Durch eine gute Besprechungsleitung und Steuerung können Sie hier sehr zur Effizienzsteigerung beitragen.

Viele Besprechungen werden als überflüssig oder als Zeitfresser empfunden. Die Gründe hierfür liegen zum einen in organisatorischen Mängeln, zum anderen in kommunikativen Punkten sowie in der Art und Weise der Leitung und Steuerung der Besprechung.
Hauptkritikpunkte sind: die Länge der Besprechungen, vage und nicht zufrieden stellende Ergebnisse bzw. nicht erzielte Ergebnisse sowie das Kommunikationsverhalten der Besprechungsteilnehmer.
Die folgenden Ausführungen beziehen sich auf Mitarbeiterbesprechungen. Viele der genannten Punkte gelten aber auch für alle anderen Besprechungen.

To meet or not to meet ... Ist die Durchführung der Besprechung überhaupt sinnvoll?

- Ist das Problem im Vorfeld hinreichend definiert?
- Ist das Ziel genau und konkret genug beschrieben?
- Ist der Sachverstand, der zur Lösung des Problems nötig ist, bei den Besprechungsteilnehmern zu finden?
- Ist es nötig, alle diese Personen zu einem gemeinsamen Gespräch zusammenzuholen, oder reicht es aus, ihr Wissen einzeln abzurufen?
- Rechtfertigt eine Kosten-Nutzen-Rechnung die Besprechung (Besprechungszeit = Arbeitszeit)?
- Erlaubt die notwendige Größe der Gruppe eine sinnvolle Besprechung?
- Können bei der Besprechung Konflikte entstehen, die vorher bereinigt werden sollten?

Ihr Weg zur effektiven Besprechung

Schritt 1: Bauen Sie eine positive Gesprächsatmosphäre auf

- Begrüßen Sie die Teilnehmer.
- Stellen Sie die Teilnehmer einander vor (falls diese sich noch nicht kennen).

- Bleiben Sie von Beginn an immer freundlich, wohlwollend und ruhig (innere Ruhe).
- Lockern Sie die Atmosphäre mit warmherzigen oder scherzhaften Bemerkungen (aber niemals auf Kosten einer Person!) auf.
- Vermeiden Sie negative Formulierungen („unmöglich", „leider", „zweifelhaft" etc.) und „Killerphrasen", die die Besprechung von vornherein fragwürdig machen.
- Erzeugen Sie ein „Wir-Gefühl", bei dem sich die Besprechungsteilnehmer mit dem Personenkreis identifizieren. Sprechen Sie daher immer die Gesamtgruppe an: *„Unsere Besprechung …", „Wir wollen gemeinsam, …"*(Nicht: *„Sie sollten sich …"* oder *„Ihr Problem lautet …"*)

Schritt 2: Bauen Sie die Besprechung systematisch auf

Grundsätzlich sollten Sie die Besprechung und die einzelnen in sich geschlossenen Besprechungspunkte systematisch aufbauen. So können Sie sich besser vorbereiten und orientieren und Ihre Gesprächspartner Ihnen besser folgen.

Einleitung

- Anrede,
- Begrüßung,
- Bekanntgabe der Präliminarien und Regularien (falls vorhanden, z. B. Rauchregelung, Pausenzeiten, Menübestellung, Anwesenheitslisten etc.),
- Einführung ins Thema mit Zielvorstellung.

Hauptteil

- Diskussion und Sachbehandlung.

Schluss

- Zusammenfassung,
- Ergebnis,
- Protokollanfertigung.

Schritt 3: Lenken Sie die Besprechung durch Fragen – „Wer fragt, der führt“

Durch Fragen lenken Sie Ihre Gesprächspartner wirksamer als durch Formulierungen in Aussageform.

Als guter Besprechungsleiter stellen Sie daher Fragen, um:

- den Inhalt von Beiträgen konkret und deutlich werden zu lassen.
  „An was denken Sie im Einzelnen?“
  „Können Sie uns ein Beispiel geben?“
- Abschweifungen und Nebensächlichkeiten erkennbar zu machen.
  „Ist das für unser Thema wichtig?“
  „Ist dies ein wichtiger Punkt?“
- entstehenden Konflikten entgegenwirken.
  „Sollten wir uns nicht auf das Thema konzentrieren?“
  „Wollen Sie dieses nicht lieber später in anderem Kreis diskutieren?“
- deutlich zu machen, dass Sie auf die Einhaltung von Spielregeln Wert legen.
  „Erst Sie, dann Sie , dann Sie ... Sind Sie einverstanden?“
  „Könnten Sie den Beitrag nochmal wiederholen, ich glaube die ... haben ihn nicht gehört?“
- Einverständnis festzustellen und zu kontrollieren.
  „Sind Sie einverstanden?“
  „Können Sie mit diesem Vorschlag leben?“
  „Ist Ihre Frage damit beantwortet?“

Schritt 4: Moderieren statt manipulieren

Als Moderator vermitteln Sie weniger Sachinhalte, sondern lenken das Gespräch. Es ist Ihre Aufgabe, die verschiedenen Gesprächsbeiträge zwischen den Teilnehmern zu koordinieren, für die Festlegung und Einhaltung von Gesprächsregeln zu sorgen sowie Streitigkeiten zu schlichten. Nur so erhalten Sie von Ihren Mitarbeitern notwendige Informationen und können sich ein Bild von deren Meinungslage machen.

Als Leiter sollten Sie daher nur maximal 20 Prozent der Redezeit beanspruchen und hauptsächlich für den Fortgang und die Entscheidungsfindung sorgen und nicht durch eigene Beiträge dominieren.

Innerhalb einer Besprechung kann es auch notwendig werden, Ihre Mitarbeiter über einen unbekannten Sachverhalt zu informieren oder ihnen für die Entscheidungsfindung notwendige Fakten vorzustellen. Dies könnten z.B. Ergebnisse eines Arbeitsprozesses sein oder fachliche Aspekte, die für eine anschließende Diskussion benötigt werden.
Für solche Themen bietet sich eine Präsentation an. Die Präsentiernde muss nicht notwendig auch der Besprechungsleitung sein. Auch ein Besprechungsmitglied, das Experte für ein bestimmtes Thema ist, kann präsentieren. Ein Mitarbeiter kann auch Vorschläge zu einem Thema, welches alle Teilnehmer betrifft, präsentieren, damit die anderen Mitarbeiter eine gemeinsame Grundlage für eine spätere Entscheidungsfindung haben.
Der Erfolg einer Präsentation ist abhängig von der gewählten Präsentationsform und den hierfür benutzten Materialien und Medien. Sie sollten den Besprechungsraum und seine technischen Möglichkeiten, sowie Zielsetzung und Inhalt der Präsentation bedenken.
Nicht jedes Medium ist gleichermaßen geeignet. Sollen die Zuhörer informiert oder überzeugt werden? Beide Zielsetzungen verlangen unterschiedliche Präsentationsmittel! Nur in einer ganz konkret auf das Präsentationsziel und das Interesse der Zuhörer abgestimmten Präsentation gelingt es Ihnen, die Zuhörer für eine Argumentation zu gewinnen und zu überzeugen.

Schritt 5: Nutzen Sie Diskussionen konstruktiv

Eine Diskussion bedeutet, zu einem Thema verschiedene Meinungen anzuhören, auszutauschen und gegebenenfalls zu einer gemeinsam verabschiedeten Lösung zu gelangen.

Merkmale der konstruktiven Diskussion:
1. Zielorientierung
2. Strenger formaler Rahmen
3. Optimale Gruppengröße 7 bis 12 Teilnehmer
4. Gleichberechtigung der Teilnehmer
5. Diskussionsleitung führt.

Schritt 6: Feedback geben und empfangen

- Geben Sie immer höflich, taktvoll und nicht verletzend Feedback. Ihre Gesprächspartner sollten immer das Gesicht wahren können.
- Beschreiben Sie ein Verhalten, das Sie ansprechen, möglichst konkret.
- Geben Sie Feedback nur aufgrund eigener Beobachtungen und nicht auf Grundlage von Mutmaßungen und Ihnen von anderen zugetragenen Vermutungen.
- Sprechen Sie für Ihre eigene Person (Ich-Botschaften).
- Stellen Sie Ihre Sicht der Dinge dar, ohne in eine Abwehr- oder Verteidigungssituation zu fallen.
- Machen Sie Ihrem Gesprächspartner deutlich, dass sein Feedback bei Ihnen angekommen ist.

So schaffen sie optimale Rahmenbedingungen für Ihre Besprechung	
Schritt 1:	Bauen Sie eine positive Gesprächsatmosphäre auf!
Schritt 2:	Legen Sie die Besprechung systematisch an!
Schritt 3:	Lenken Sie Ihre Besprechungen – Wer fragt, der führt!
Schritt 4:	Moderieren statt manipulieren!
Schritt 5:	Nutzen Sie Diskussionen konstruktiv!
Schritt 6:	Geben und empfangen Sie Feedback!

Überlassen Sie nichts dem Zufall

Konsensfähige Lösungen durch systematisches Vorgehen und konstruktive Diskussionsführung

Phase 0: Einführung

Begrüßung, Vorstellung aller Teilnehmer, Rollen und Funktionen der Teilnehmer, positive Atmosphäre.

Phase 1: Problemdefinition und Zielformulierung

Was ist das Problem? Was soll erreicht werden?

Phase 2: Problemanalyse

Was ist vorgefallen, Wo ist es passiert? Wann? Problemausmaß feststellen.

Möglichst verschiedene Sichtweisen einholen, am besten alle Betroffenen zur Meinungsäußerung auffordern.

Phase 3: Zusammenfassung

Fassen Sie als Besprechungsleiter die Beiträge kurz zusammen.

Fragen Sie gegebenenfalls zur besseren Darstellung des Problems nach und lenken Sie auf das Diskussionsziel hin mit der Aufforderung an alle, zur Problemlösung beizutragen.

Phase 4: Sammeln

Welche Problemlösungsmöglichkeiten gibt es?

Nach Möglichkeit alle Teilnehmer zur Meinungsäußerung auffordern.

Wenn keine Vorschläge von Ihren Mitarbeitern kommen, machen Sie als Vorgesetzter einen Vorschlag (nicht vorher – sonst wird dieser von Ihren Mitarbeitern als Wertung und Vorgabe empfunden und damit erübrigt sich jede Diskussion) und stellen ihn zur Diskussion.

Phase 5: Bewertung

Welches ist die beste Problemlösung?

Prüfen Sie die Lösung auf Realisierbarkeit! Gegebenenfalls müssen Sie als Besprechungsleiter und Vorgesetzter hier korrigierend eingreifen.

Phase 6: Realisierung

Wie gehen wir vor?

Phase 7: Wer macht was bis wann?

Achten Sie darauf, dass alle Personen die Möglichkeit haben mitzumachen.

Phase 8: Verabschiedung

Typische Probleme bei Besprechungen – und wie Sie sie bewältigen

Sprechen Sie Fehlverhalten möglichst nicht direkt an, das erweckt lediglich den Widerstand der betreffenden Person. Beziehen Sie die ganze Gruppe in die Kritik mit ein, um so den Druck zur Verhaltensänderung zu verstärken.

Langatmige, endlose Beiträge einzelner Teilnehmer

Weisen Sie den Vielredner höflich auf sein Fehlverhalten hin.

Nicht: *„Sie sind ein lästiger Dauerredner."*

Besser: *„Sie haben Ihren Sachbeitrag so ausführlich dargelegt, dass wir Gefahr laufen, unseren Zeitplan nicht einzuhalten."* oder *„Wie wäre es, wenn die anderen auch ihre Auffassung dazu äußern?"*

Dominierender und Argumenten unzugänglicher Teilnehmer

Kritisieren Sie nicht direkt, sondern beziehen Sie die anderen Teilnehmer mit ein.

Nicht: *„Ich finde Sie rücksichtslos."*
Besser: *„Sie vermitteln mir und ich glaube auch den anderen Teilnehmern den Eindruck, dass Sie uns und unsere Ansichten nicht respektieren."*

Ein Teilnehmer greift einen anderen persönlich an

Beziehen sie sich nicht auf das Fehlverhalten, sondern betonen Sie die Notwendigkeit sachlich zu bleiben.
Nicht: *„Sie sind unfreundlich und aggressiv."*
Besser: *„Wir bemühen uns um Sachprobleme, daher ist es nicht verständlich, warum Sie persönliche Angriffe starten."* oder
„Sollten wir uns nicht um Sachlichkeit bemühen?"

Ein Teilnehmer stellt Behauptungen in den Raum.

Stellen Sie keine Gegenbehauptungen auf, sondern klagen Sie Beweise ein.
Nicht: *„Was Sie uns da vortragen sind Spekulationen."*
Besser: *„Würden Sie uns bitte Fakten und Beweise geben."*

Ein Teilnehmer fällt einem anderen immer wieder ins Wort.

Nicht das Fehlverhalten ansprechen, sondern an die Gesprächsregeln erinnern.
Nicht: *„Jetzt reden Sie doch nicht immer dazwischen!"*
Besser: *„Wollen wir uns nicht zuerst Herrn/Frau ... zu Ende anhören?"*
„ Lassen Sie doch bitte Herrn ... erst ausreden."

Ein Teilnehmer verwendet Killerphrasen, um die Diskussion „abzuwürgen" (z. B. „Das haben wir doch schon immer so gemacht.")

Lassen Sie den Teilnehmer „auflaufen", indem Sie ihn bitten, ganz konkret zu werden.
Nicht: *„Das bringt uns doch nicht weiter."*
Besser: *„Ein interessanter Vorschlag! Lassen Sie uns doch mal sehen, ob und wie wir das realisieren könnten."*

Sie sind ein idealer Besprechungsleiter, wenn Sie

- gut vorbereitet in die Mitarbeiterbesprechung kommen,
- die Besprechung pünktlich beginnen und rechtzeitig beenden,
- sich um Neutralität bemühen und die Anwesenden nicht durch ein vorzeitiges Nennen der eigenen Meinung manipulieren,
- Sie zu erkennen geben, welche Inhalte und Themen der Besprechung zur Kenntnisnahme bestimmt sind (reine Informationsvermittlung), welche Themen von wem präsentiert werden (aufbereitet und vorbereitet) und welche Themen diskutiert werden sollen, wo also ein Meinungsaustausch mit gemeinsamer Lösungsfindung angestrebt wird,
- Sie die Besprechungsziele im Auge behalten und immer auf das Thema zurückkommen,
- Sie auf ein gutes Besprechungsklima achten und keine persönlichen Angriffe zulassen,
- Sie störende Konflikte abbauen helfen, damit die Kontrahenten anschließend wieder mitarbeiten, oder diese auf ein anderes Gespräch und einen anderen Zeitpunkt verweisen,
- Sie den Zeitbedarf überwachen,
- Sie über Fragen die Besprechung leiten,
- Sie zum richtigen Zeitpunkt eine Pause machen,
- Sie zurückhaltende Teilnehmer aktiv einbeziehen und in den Vordergrund drängende Teilnehmer höflich aber bestimmt unterbrechen bzw. zurückführen,
- Sie auf einen systematischen Ablauf achten,
- Sie Ergebnisse zusammenfassen, Wichtiges wiederholen, unterstreichen, herausstellen und gegebenenfalls visualisieren,
- Sie sich am Ende bei Ihren Besprechungsteilnehmern bedanken,
- Sie darauf achten, dass die erzielten Ergebnisse auch in die Praxis umgesetzt werden.

Auf den Punkt gebracht:

Information der Mitarbeiter und Kommunikation mit den Mitarbeitern sind zentrale Aufgaben in der Mitarbeiterführung

Als Führungskraft stellen Sie nicht nur Informationen sicher und leiten sie weiter, sondern Sie wissen auch, welche Kommunikationssituation welche Kommunikationsform erfordert.

Warum Sie Ihre Mitarbeiter informieren

Nur umfassend und gut informierte Mitarbeiter sind motiviert und können so optimale Arbeitsergebnisse erzielen.

Warum Ihre Kommunikation eine „offene Kommunikation“ ist

Um Menschen führen zu können, müssen Sie authentisch und glaubwürdig sein. Wenn Sie taktieren und mit Informationen hinter dem Berg halten, hat dies über kurz oder lang einen Vertrauensverlust zur Folge, der die Zusammenarbeit erschwert und schlimmstenfalls unmöglich macht.

Warum Sie individuelle Mitarbeitergespräche führen

Aus dem unmittelbaren Tagesgeschäft ausgekoppelte Mitarbeitergespräche sind Ihr Führungsinstrument, mit dem Sie individuell auf Ihre Mitarbeiter eingehen, sie begleiten und fördern.

Warum Sie sich mit Ihren Mitarbeitern besprechen

Sie leiten und lenken die Kommunikation in Besprechungen, um Sachfragen zu klären, Lösungen zu finden, Probleme zu bewältigen und um Leistungserstellungsprozesse zu planen, durchzuführen und zu überprüfen.

3 Die Umsetzung des Führungs- und Leistungsprozesses

In der Hektik des Tagesgeschäftes sinnvoll und nachhaltig führen

Der Regelkreis der Führung

Der Führungsprozess ist der gesamte Handlungsverlauf, innerhalb dessen Führung stattfindet. Dieser Prozess lässt sich grundsätzlich in vier elementare Schritte unterteilen:

- Orientierung geben und Ziele vereinbaren,
- Loslassen und Leistungsüberprüfung,
- Bilanz ziehen und Leistungen beurteilen,
- Mitarbeiter fördern und entwickeln.

Die zur Bewältigung dieser Aufgaben zur Verfügung stehenden kommunikativen Instrumente (Mitarbeitergespräche) müssen von Ihnen als Führungskraft so zum Einsatz gebracht werden, dass sich daraus ein Regelkreis ergibt, der

- Ihren Mitarbeitern die „Führung" verständlich und transparent macht und
- Ihnen darüber Aufschluss gibt, wo Ihre Mitarbeiter stehen und wie Sie sie am besten einsetzen können.

Dabei setzt jeder einzelne Schritt des Regelkreises der Führung den jeweils vorherigen voraus: Ohne klare Orientierung keine Motivation, ohne Motivation keine Zielerreichung, ohne das Erreichen von Zielen keine persönliche Entwicklung, ohne Perspektive persönlicher Entwicklung keine Orientierung.

> Führen ist also ein ganzheitlicher Prozess, dessen einzelne Schritte ineinander greifen müssen, wenn er erfolgreich verlaufen soll, um unternehmerische und persönliche Ziele gleichermaßen zu verwirklichen.

Führung: Ein Regelkreis aus kommunikativen Instrumenten

Mitarbeitern Orientierung geben

Wo soll es eigentlich lang gehen?

- Mitarbeiterjahresgespräch
- Herausfordernde Ziele setzen

Loslassen, Rückmeldungen geben, Leistungsüberprüfung

Sie können nicht alles alleine machen!

- Delegation ist die Grundlage des Loslassens
  - Feedback und Rückmeldungen geben
  - Anerkennung und Kritik aussprechen
  - Leistungen kontrollieren
- Mitarbeiter motivieren
  - Motivationsgespräche führen
  - Demotivation und „innerer Kündigung“ vorbeugen
  - Fehlzeiten einschränken
- Konflikte erkennen und lösen
  - Konfliktmanagement durchführen
  - Mobbing verhindern und entschärfen

Mitarbeiter fördern und entwickeln

Was können wir gemeinsam und persönlich weiter tun?

- Einarbeitung neuer Mitarbeiter
- Teamentwicklung und Teamführung
- Förderung der Mitarbeiter

Bilanz ziehen – Mitarbeiter beurteilen und Zielerreichungen feststellen

Sind alle Ziele erreicht?

- Dimensionen und Formen der Beurteilung festlegen
- Zielerreichungskontrolle vornehmen
- Beurteilungsgespräche führen
- Das Potenzial der Mitarbeiter feststellen
- Personal auswählen und Mitarbeiter für neue Stellen beurteilen

Es besteht kein Anspruch auf Vollständigkeit. Die Punkte können unternehmensindividuell ergänzt oder gestrafft bzw. unterschiedlich ausgeprägt werden.

3.1 Geben Sie Ihren Mitarbeitern Orientierung

Zunächst einmal muss Ihr Mitarbeiter buchstäblich wissen, „wo es lang geht". Was erwarten Sie als direkter Vorgesetzter und Ansprechpartner von ihm? Was erwartet das Unternehmen von ihm? Und schließlich: Was kann er selber erwarten?

> Ihre zu Beginn wichtigste Führungsaufgabe ist es daher, Ihren Mitarbeitern die Möglichkeit der Orientierung zu geben und dazu vor allem auch entsprechende Hilfestellungen anzubieten.

Da es gute Gründe gibt, dies innerhalb eines Unternehmens in relativ einheitlicher Form erfolgen zu lassen, gibt es inhaltlich fest definierte Mitarbeitergespräche zu diesem Schritt.

Das Mitarbeiter(jahres)/-orientierungsgespräch:

Das Mitarbeiter(jahres)gespräch stellt als Instrument des offenen Gedanken- und Erfahrungsaustauschs über alle Aspekte der Arbeit und Zusammenarbeit die hauptsächlichen Weichen. Es ist die Basis für die Schaffung von Perspektiven und das Erreichen gemeinsamer Ziele und dient Ihrem Mitarbeiter über andere Mitarbeitergespräche hinaus zur wirklich grundlegenden Orientierung. Es handelt sich dabei nicht um eine Beurteilung der Arbeitsleistung und auch nicht zwangsweise um eine Vereinbarung von Zielen (auch wenn die Zielvereinbarung sehr oft mit dem Mitarbeiterjahresgespräch verbunden ist).
Hat das Unternehmen allerdings quantitativ und/oder qualitativ definierte Ziele definiert, so führt es das Mitarbeiter(jahres)gespräch in der Regel als Zielvereinbarungsgespräch. Da dieses sich an quantitativ und qualitativ messbaren Zielen orientiert, ist die persönliche Perspektivenentwicklung nicht Gegenstand dieses Gespräches.
Zumeist werden dann in solchen Unternehmen zusätzlich noch Fördergespräche eingeführt, um mit den Mitarbeitern mögliche persönliche Perspektiven zu besprechen und den Aspekt

der Förderung und Entwicklung der Mitarbeiter nicht zu vernachlässigen.

Inhalte des Mitarbeiter(jahres)/-orientierungsgespräches sind:

- Darstellung der persönlichen Arbeitssituation,
- Schaffung von Orientierungshilfen,
- Offenheit und Vertiefung des gegenseitigen Vertrauens entwickeln,
- Verantwortung von Vorgesetzten fördern,
- Eigeninitiative von Mitarbeiter fordern und fördern,
- Verständnis des Vorgesetzten für das Erleben der persönlichen Arbeitssituation des Mitarbeiters vertiefen,
- Kommunikation des Vorgesetzten mit den Mitarbeitern fördern und fordern.

Das Mitarbeiter(jahres)/-orientierungsgespräch ist kein Spontangespräch. Laden Sie Ihren Mitarbeiter mit einem angemessenen zeitlichen Vorlauf zu diesem Gespräch ein, sodass Sie und Ihr Gesprächspartner sich gründlich darauf vorbereiten können. Das Gespräch findet grundsätzlich als „Vier-Augen-Gespräch“ statt. Ein positives Gesprächsklima ist angestrebt.

Das Mitarbeitergespräch soll sowohl fachliche als auch persönliche Perspektiven aufzeigen und eine realistische Rückmeldung geben bezüglich Zusammenarbeit, Information, Kommunikation und Organisation sowie dem Umgang miteinander, negativen und positiven Erlebnissen im Team oder direkt mit Ihnen als Vorgesetzten.

Sieben Themen als Anregung:

1. Was wurde in den vergangenen 12 Monaten hauptsächlich erreicht?
2. Was hat die Bewältigung der Aufgabe besonders gefördert oder behindert?

3. Falls Schwierigkeiten auftraten: Wie konnten diese behoben werden?
4. Welche Hauptarbeitsziele werden für die nächsten 12 Monate erwartet?
5. Was wollen Sie und Ihr Mitarbeiter sich vornehmen, damit diese Ziele erreicht werden?
6. Werden bestimmte Förderungs- und Fortbildungsmaßnahmen angestrebt?
7. Wie ist die Arbeitszufriedenheit des Mitarbeiters insgesamt?

Ziele vereinbaren

Konkrete Ziele geben Ihrem Mitarbeiter eine Orientierung über die Unternehmensziele und vermitteln ihm, wie er daran mitarbeiten kann, sie umzusetzen. Er ist damit in der Lage, auch im Tagesgeschäft entsprechende Prioritäten zu setzen.

Bei der Zielvereinbarung geht es darum, dem Mitarbeiter in ehrlicher Form zu vermitteln,

- welchen Weg das Unternehmen wählt,
- warum er, der Mitarbeiter, sich engagieren und einsetzten sollte
- wofür die Mitarbeiter arbeiten,
- woran die Mitarbeiter gemessen werden.

Als Führungskraft haben Sie die wichtige Aufgabe, die unternehmerischen Ziele für Ihren Mitarbeiter und sein Aufgabengebiet zu konkretisieren. Damit stellen Sie den Zusammenhang zwischen den unternehmerischen Zielen und den Zielen Ihrer einzelnen Mitarbeiter her. Nur wenn ein Mitarbeiter weiß, wofür er arbeitet, wird er sich auch entsprechend einsetzen und engagieren.

Die Zielvereinbarung ist ein Instrument des sog. Management by objektives (Führen durch Zielvereinbarungen). Eine solche

Absprache trägt zur Verbesserung des Führungsverhältnisses bei, da Sie als Vorgesetzter und Ihr Mitarbeiter ihre Erwartungen klar definieren und miteinander abstimmen können.

Tipps für die Definition von Zielen

- Ziele sollen **als Ergebnis formuliert** sein. Zielvereinbarungen geben damit das Ergebnis, nicht aber Mittel und Wege der Zielerreichung vor. Ein Ziel ist keine Aufgabe. Eine Aufgabenbeschreibung gibt vor, mit welchen Mitteln ein Ziel erreicht werden soll. Gerade in diesem Punkt ist aber die aktive und zugleich kreative Einbringung Ihrer Mitarbeiter gefordert.
- Ziele müssen **realisierbar** sein. Stellen Sie sich daher stets die Frage, ob bei einem vernünftigen Mitteleinsatz das angestrebte Ergebnis auch erreicht werden kann.
- Ziele sollten **konkret** sein. Definieren Sie unbedingt konkrete Mengen, Werte und Zeitangaben.
- Ziele sollten nach Möglichkeit **quantitativ** formuliert sein. Qualitativ formulierte Ziele lassen sich nämlich nur sehr schwierig überprüfen und kontrollieren.
- Die Definition einer **bewusst begrenzten Zahl** von Zielen steigert den Erfolg durch eine zwangsläufige Schwerpunktsteuerung.

Zielvereinbarungen bieten viele Vorteile ...

... für das Unternehmen

- Es werden strategische Ziele entwickelt, die von allen getragen werden.
- Zukünftige Entwicklungen werden früher erkannt und ermöglichen aktives Handeln statt bloßes Reagieren.

- Die Mittel zur Realisierung der unternehmerischen Ziele werden gezielt ausgewählt.
- Es kann eine wirklich einheitliche Unternehmenskommunikation und Führungskultur aufgebaut werden.
- Steigerung der Effizienz und Zufriedenheit der Mitarbeiter.
- Fehlverhalten und Fehlentwicklungen lassen sich frühzeitig erkennen und korrigieren.
- Die Identifikation der Mitarbeiter mit den unternehmenrischen Zielen steigt.
- Die Mitarbeiter denken stärker mit und zeigen größere Eigendynamik in Kreativität und Aktivität.
- Es werden Prioritäten gesetzt und die Konzentration auf bestimmte Aufgaben, Bereiche etc. steigt.

... für Sie als Führungskraft

- Es wird Klarheit über Unternehmensziele und unternehmerische Zusammenhänge geschaffen.
- Die Abstimmung verschiedener Bereiche wird verbessert.
- Ihr Mitarbeiter übernimmt mehr Verantwortung.
- Ihr Mitarbeiter erhält größere Gestaltungsfreiheit.
- Weniger Reibungsverluste, die durch Unklarheit, Interpretation und Improvisation entstehen.
- Ihre Kontrolle reduziert sich auf „Zielerreichungskontrolle“, Abweichungsanalyse, sowie Zwischenergebniskontrollen.
- Der Maßstab zur Beurteilung Ihrer Mitarbeiter ist objektiver.
- Steigerung der Sachlichkeit, z.B. bei Konflikten.

... für Ihre Mitarbeiter:

- Größere Kenntnisse der Unternehmensziele und Erwartungen.
- Selbstverantwortung und Freiraum werden erweitert.
- Größere Zufriedenheit und mehr Motivation.
- Über- und Unterforderungen gehen zurück.

- Es treten weniger Konflikte durch Missverständnisse oder unterschiedliche Erwartungen auf.
- Ihr Mitarbeiter erhält einen konkreten Maßstab zur eigenen Leistungseinschätzung.
- Er bekommt mehr Sicherheit im Umgang mit den Leistungsanforderungen.
- Er hat realisierbare Erfolgserlebnisse bei Erreichung der Ziele.

„Meine Leute sollen zupacken! Wer sich da noch groß orientieren muss, ist hier fehl am Platz."

Nur derjenige Mitarbeiter, der sich an einer für ihn persönlich interessanten und herausfordernden Perspektive orientieren kann, wird sich auch aktiv an der Erreichung der Unternehmensziele beteiligen. Und nur mit solchen Mitarbeitern können Sie langfristig erfolgreich sein!

Ihrem Mitarbeiter Orientierung über die Erwartungen zu geben, die an ihn gestellt werden sowie mit ihm Ziele zu vereinbaren, die erreicht werden können, ist daher Grundlage einer erfolgreichen Gestaltung des Führungsprozesses. Ihr Mitarbeiter sollte eine möglichst aktive Rolle einnehmen und auch aus seiner Sicht Erwartungen und Sichtweisen einbringen können, damit im laufenden Geschäft Missverständnisse und Reibungsverluste vermieden werden und zielorientiertes Arbeiten möglich ist.

Dies bildet auch die Grundlage, um im Weiteren die Leistungen Ihres Mitarbeiters einzuschätzen, zu bewerten oder weiter zu fördern.

An Zielen, die er eigenverantwortlich gewählt und mitentwickelt hat, wird sich Ihr Mitarbeiter eher messen lassen als an Zielen, die er kommentarlos übernommen hat oder die ihm vorgeschrieben worden sind.

3.2 Sie können nicht alles alleine machen: Loslassen und Rückmeldungen geben

Der zweite Schritt des Führungs- und Leistungsprozesses ist das Loslassen. Darunter ist der gesamte Zeitraum zwischen „Orientierung geben" zu Beginn der Führungsperiode und der „Beurteilung" zum Ende der Führungsperiode zu verstehen. Dieser Zeitraum muss von Ihnen als Führungskraft gestaltet werden.

Versteht man „Loslassen" als „laufen und machen lassen" ohne weiteres Nachkontrollieren, Absprechen, Anerkennen und Korrigieren, würde dies dem Anspruch an die Gestaltung der Führungsaufgaben nicht gerecht.

Umsetzen und Gestalten eines „führungstechnischen" Loslassens liegen in großem Umfang im Ermessensspielraum des Vorgesetzten. Begrifflichkeiten wie Feedback geben, Coachen, Rückmeldungen geben und Zwischenkontrollen durchführen sind zwar bekannt, werden aber in der Praxis zumeist nicht systematisch im Führungsprozess umgesetzt.

Dabei ist gerade die „führungstechnische" Gestaltung des Loslassens die kompetente Weiterentwicklung des vorangegangenen Orientierungsgespräches mit dem Mitarbeiter und die sachliche Grundlage für die Beurteilung des Mitarbeiters, die unweigerlich zeitlich folgt. Aus diesem Grund kommt der Gestaltung des zweiten Schritts des Führungs- und Leistungsprozesses eine hohe aktuelle Bedeutung zu. Innerhalb dieses Schrittes sind sowohl die Realisierung der Ziele sowie deren Zwischenbetrachtungen vorgesehen.

Die Gestaltung der „Begleitung" Ihrer Mitarbeiter im Rahmen der Realisierung ihrer Aufgaben umfasst folgende Punkte:

- Ihr Feedback als Führungskraft in Form von Anerkennung und Kritik.
- Das Motivieren Ihres Mitarbeiters im Hinblick auf die Zielsetzungen.
- Die Gestaltung der Fürsorge um Ihre Mitarbeiter.

- Das Aufzeigen von Grenzen und – wenn nötig – das Einleiten von Konsequenzen.
- Probleme ansprechen und Hindernisse auf dem Weg zum Ziel zu beseitigen.
- Konflikte erkennen, ansprechen und vorbeugend handeln.

Wer Mitarbeiter loslassen will, muss delegieren wollen und können

Das Delegieren von Aufgaben entlastet nicht nur Sie als Vorgesetzten. Es fördert die Zusammenarbeit, das selbstverantwortliche Denken und den gesunden Ehrgeiz Ihrer Mitarbeiter.

> Delegieren heißt – unter Berücksichtigung geltender Bestimmungen – Mitarbeitern Aufgaben mit genau abgegrenzten Kompetenzen und Verantwortlichkeiten zur selbstständigen Erledigung übertragen. Als Vorgesetzter sind Sie dabei nicht der Verantwortung und Kontrolle enthoben.

Delegation kann nur gelingen, wenn Sie als Vorgesetzter

- in Ihre Mitarbeiter Vertrauen setzen und bei entsprechender Entwicklung und Unterstützung auch an deren Erfolg glauben,
- Ihre Mitarbeiter zur Übernahme persönlicher und betrieblicher Verantwortung anleiten,
- in den Arbeitsprozessen überhaupt Möglichkeiten zur Delegation schaffen und Hindernisse, die der Delegation im Wege stehen, beiseite räumen,
- Ihre Mitarbeiter langsam an die Delegationsübernahme heranführen, indem Sie sie durch langsam wachsende Anforderungen an selbstständiges Arbeiten gewöhnen und ihnen Schritt für Schritt Teilverantwortlichkeiten einräumen,
- unter sachlichen Beurteilungsgesichtspunkten die richtige Person auswählen,
- diese in entsprechender Weise fachlich schulen und für die Aufgabenübernahme vorbereiten,
- Ihren Mitarbeitern eindeutige Aufgabengebiete zuweisen,

- konkrete Aufgaben definieren,
- die Aufgabenerfüllung entsprechend kontrollieren.

Ihre eigenen Führungsaufgaben lassen sich nicht delegieren. Dazu gehören

- die Motivation Ihrer Mitarbeiter,
- Entscheidungen und grundlegende Vorgaben,
- Kontrollen, ob die Ziele erreicht worden sind
- Förderung und Entwicklung Ihrer Mitarbeiter
- die Ansprachemöglichkeit der Mitarbeiter bei persönlichen Sorgen
- die Zusammenarbeit mit der nächsten Führungsebene
- die Betreuung außergewöhnlicher Fälle (hohes Risiko, hohe Verantwortung, hoher Zeitdruck, hohes Konfliktpotenzial),
- vertrauliche Angelegenheiten.

Ihre Mitarbeiter müssen im Rahmen eines Delegationsgesprächs auf die zu übernehmenden Aufgaben vorbereitet werden.
Anregungen für das Delegationsgespräch:

- Ist Ihrem Mitarbeiter die Bedeutung der Delegation bewusst?
- Ist er motiviert und von dem Delegationsvorhaben überzeugt ?
- Kennt er die Zielsetzung?
- Weiß er was, bis wann und warum zu tun ist?
- Ist die Abgrenzung der Aufgaben und Kompetenzen klar und eindeutig verstanden?
- Hat er die dafür erforderlichen Kenntnisse und Fertigkeiten?
- Sind die Rahmenbedingungen gegeben?
- Gibt es bestimmte Punkte, wo Ihr Mitarbeiter auf Hilfe zurückgreifen muss?
- Welche Schwierigkeiten und Risikien sieht er?
- Ist die vorgesehene Delegation für Ihren Mitarbeiter eine Herausforderung?

„Wenn man nicht alles selber macht ...“

Wenn Sie sich bei wachsenden Anforderungen an Führungskräfte nicht verzetteln und den Kopf für das Wesentliche frei halten wollen, müssen Sie sich von dem Gedanken lösen, alles selbst tun zu müssen, weil keiner es Ihnen gut genug macht.

Sie müssen lernen, sinnvoll zu delegieren und einen kleinen Teil Ihrer Macht mit Ihren Mitarbeitern zu teilen. Die Furcht, durch Delegation Autorität und Achtung zu verlieren ist in der Regel unbegründet. Im Gegenteil, Mitarbeiter achten nicht den Vorgesetzten am meisten, der sie unmündig hält und alles alleine machen will, sondern den, der sie wirklich selbstständig mitarbeiten lässt.

Als Führungskraft werden Sie selber nicht daran gemessen, wie hoch Ihr eigener Anteil an der Erledigung der Aufgaben ist, sondern daran, ob und in welchem Maße die maßgeblichen Ziele erreicht worden sind.

Sie sind daher letztendlich immer so gut oder so schlecht wie Ihre Mitarbeiter!

Feedback und Rückmeldungen geben

Eines der wichtigsten kommunikativen Instrumente zur Gestaltung des „Loslassens“ ist das regelmäßige Rückmelden und Geben von Feedback gegenüber Ihren Mitarbeitern.
Nur so erwirbt Ihr Mitarbeiter Verhaltenssicherheit, weil er weiß und nachvollziehen kann, ob seine Leistungen und sein Verhalten stimmen oder korrekturbedürftig sind.

> Unter Feedbackversteht man eine Mitteilung an eine Person, die diese Person informiert, wie ihre Verhaltensweisen von anderen wahrgenommen, verstanden und erlebt werden.

Feedback geben und Feedback empfangen sind im Gespräch das geeignetste Instrument um zwischen beabsichtigter und tatsächlicher Kommunikation eine Brücke zu schlagen.

Es ist wichtig, dass Ihr Feedback auch angenommen wird und nicht aufgrund einer ungünstigen Formulierung nicht nachvollziehber ist oder auf eine Verteidigungshaltung stößt.

So kommt Ihr Feedback richtig an

- Ihr Feedback ist beschreibend
  Das steht im Gegensatz zu bewertend, interpretierend oder Motive suchend. Indem man moralische Bewertung unterlässt, vermindert man im Ansprechpartner den Drang sich zu verteidigen und die angebotene Information abzulehnen.
- Ihr Feedback ist konkret
  Das steht im Gegensatz zu allgemein. Allgemeine, pauschale Aussagen helfen dem Betroffenen nicht. Ein Beispiel: Wenn man jemandem sagt, er sei dominierend, so hilft ihm das vielleicht viel weniger als wenn man ganz konkret sagt: *„Gerade jetzt, als wir in dieser Sache zu einer Entscheidung kommen wollten, haben Sie nicht auf das gehört, was andere sagten."*
- Ihr Feedback ist angemessen
  Feedback kann zerstörend wirken, wenn wir dabei nur auf unsere eigenen Bedürfnisse achten und dabei die Bedürfnisse des Ansprechpartners, dem wir eine Informationen geben wollen, nicht genügend berücksichtigt werden. Angemessenes Feedback muss daher in einfühlsamer Weise auf die Bedürfnisse aller beteiligten Personen eingehen.
- Ihr Feedback ist brauchbar
  Es muss sich auf Verhaltensweisen beziehen, die der Empfänger zu ändern fähig ist. Wenn jemand auf Unzulänglichkeiten aufmerksam gemacht wird, auf die er keinen wirksamen Einfluss ausüben kann, fühlt er sich nur umso mehr frustriert.

- Ihr Feedback erfolgt zur rechten Zeit
  In der Regel ist Feedback am wirksamsten, je kürzer die Zeit zwischen dem angesprochenen Verhalten und der Information über die Wirkung dieses Verhaltens ist. Sie müssen jedoch auch noch andere Gegebenheiten berücksichtigen, wie etwa die Bereitschaft Ihres Ansprechpartners, entsprechende Informationen überhaupt anzunehmen und die äußeren Umstände (z.B. keine Anwesenheit anderer Mitarbeiter, genügend Zeit).
- Ihr Feedback ist klar und genau formuliert
  Prüfen Sie dies nach, indem Sie Ihren Ansprechpartner auffordern, die gegebene Information mit eigenen Worten zu wiederholen und dann seine Antwort mit Ihrer eigenen Intention vergleichen.

Es geht im Feedbackgespräch um das gemeinsame, zeitnahe und situationsbezogene Besprechen von konkreten Leistungen, Erfolgen und Fehlern, einschließlich der damit verbundenen Anerkennung und Kritik. Ziel ist es, eine gute Leistung des Mitarbeiters sicherzustellen.

Feedback sollte immer konstruktiv sein!

Leistungen anerkennen und Kritik aussprechen

Lob und Anerkennung auszusprechen gehört zu Ihren täglichen Führungsaufgaben. Gute Leisungen werden in der Praxis viel zu selten gewürdigt, weil sie als Selbstverständlichkeit angesehen werden. (Angemessenes) Lob trägt zum Aufbau des Selbstbewusstseins und der Motivation Ihrer Mitarbeiters bei.
Kritik ist ein Instrument zum richtigen Umgang mit Fehlern und Fehlverhalten. Konstruktive Kritik gibt Ihren Mitarbeitern die Chance, fehlerhaftes Verhalten zeitnah zu korrigieren.
Sie sollten Ihren Mitarbeitern ein entsprechendes Feedback nur in einem Gespräch unter vier Augen zukommen lassen. Anerkennung und Kritik sind nur für den jeweils betroffenen Mitarbeiter bestimmt.

Anerkennung ausdrücken

Anerkennung unserer Leistungen steigert die Freude an der Arbeit, spornt zu höheren Leistungen an und wirkt sich so positiv auf das Betriebsklima aus.

Selbstverständlich kann man Anerkennung und Aufmerksamkeit auch durch nonverbale Signale und Botschaften sowie materielle Kleinigkeiten ausdrücken. So ist nicht anlässlich jeder guten Leistung auch ein Anerkennungsgespräch erforderlich oder notwendig. Aber prinzipiell ist das Ausdrücken von Anerkennung und Aufmerksamkeit unumgänglich, egal welchen Weg Sie nehmen.

Anerkennung

- steigert das Selbstwertgefühl und die Selbstsicherheit Ihres Mitarbeiters,
- vermittelt Ihren Mitarbeiter ein Erfolgserlebnis,
- bestätigt Ihren Mitarbeiter in der Betriebsstruktur,
- spornt Ihren Mitarbeiter zu weiteren guten Leistungen an,
- bindet Ihren Mitarbeiter an das Unternehmen,
- erzielt einen Multiplikationseffekt, da auch andere Mitarbeiter nach Anerkennung streben werden,
- macht Ihren Mitarbeiter zum Mitdenker.

Auch – und gerade – schwächere Mitarbeiter brauchen Anerkennung und Bestätigung. Ihre Anerkennung muss aufrichtig sein und sich auf ein konkretes Leistungsergebnis beziehen. Anerkennung sollten Sie nicht in Gegenwart von Dritten ausdrücken, das kann zu Überheblichkeit und Neid bei den Zuhörern und zur Eitelkeit beim Betroffenen führen. Ihre Anerkennung sollte sachorientiert, differenziert und konkret erfolgen und wenn möglich situtationsbezogen unmittelbar nach der guten Leistung dem Mitarbeiter unter vier Augen vermittelt werden.

Anerkennung darf nicht zusammen mit Kritik vermittelt werden, sonst reduziert man die Wirkung beider Instrumente. Das Anerkennungsgespräch führt der direkte Vorgesetzte. Angesprochen werden Leistungen und Verhaltensweisen (keine Charakterzüge), wobei Spitzen- und Dauerleistungen im Vordergrund stehen. Auch richtige Ansätze und Teilerfolge sollten Sie als Vorgesetzter bestätigen. Gruppenleistungen sollten selbstverständlich der ganzen Gruppe gegenüber artikuliert werden und nicht nur einzelnen Mitarbeitern gegenüber.

Und so sprechen Sie Anerkennung aus:

- Behandeln Sie alle Ihre Mitarbeiter ungeachtet persönlicher Sympathien oder Antipathien gleich.
- Loben Sie eine konkrete Handlung, Leistung oder einen Teilerfolg möglichst zeitnah (benutzen Sie keine Standardfloskeln).
- Nehmen Sie andere Mitarbeiter nicht als Maßstab. Anerkennung bezieht sich immer auf die von einem bestimmten Mitarbeiter individuell zu erwartende Leistung, zu der er in der Lage ist.
- Sprechen Sie Lob und Anerkennung immer unter 4 Augen aus, damit sich andere nicht benachteiligt oder gar indirekt kritisiert fühlen.

Konstruktive Kritik üben

Kritik üben Sie immer dann, wenn Ihr Mitarbeiter Fehler gemacht hat, dies ihm aber nicht bewusst ist.

Vielen Vorgesetzten fällt es nach wie vor schwer, konstruktive Kritik zu üben. Dabei gehört die konstruktive Kritik zu den selbstverständlichen täglichen Führungsaufgaben, genauso wie die Anerkennung von guten Leistungen. In der Regel führen Sie als Vorgesetzter ein Kritikgespräch, wenn Ihr Mitarbeiter aus Ihrer Sicht einen Fehler gemacht hat, dieses aber nicht bewusst getan hat und damit offensichtlich auch nicht weiß, dass sein Verhalten einen Fehler beinhaltet.

Ihre Aufgabe als Vorgesetzter ist es dann, diesen Mitarbeiter auf seinen Fehler aufmerksam zu machen und gemeinsam mit ihm Wege und Möglichkeiten abzustimmen, diesen Fehler abzustellen.

Und so üben Sie konstruktive Kritik:

- Prüfen Sie Ihre persönliche Einstellung. Wollen Sie helfen?
- Sprechen Sie das Problem offen an.
- Hinterfragen Sie die Wirkung des Fehlverhaltens.
- Versuchen Sie bei Ihrem Mitarbeiter Einsicht in die negativen Folgen seines Fehlverhaltens herbeiführen.
- Erbitten Sie Verständnis.
- Verdeutlichen Sie die Handlungsvorteile des angestrebten korrekten Verhaltens.
- Machen Sie Mut für eine Handlungskorrektur.
- Geben Sie Bestätigung und treffen eine konkrete Vereinbarung für die Zukunft (Hilfsangebot, Überprüfung).

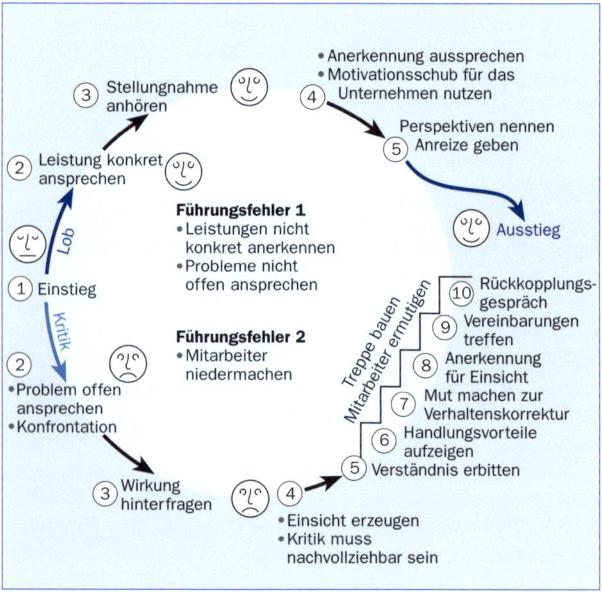

So wirken Anerkennungs- und Kritikgespräche

„Wozu meine Leute loben und mit Samthandschuhen anfassen – schließlich werden die für ihre Arbeit bezahlt und sollten wissen, wie hier der Hase läuft …"

Anerkennung und Lob motivieren Ihre Mitarbeiter und motivierte Mitarbeiter sind leistungsfähiger und profitieren von einem positiven Arbeitsklima. Mitarbeiter, die durch konstruktive Kritik Einsicht in ihr Fehlverhalten bekommen, werden eher versuchen, dieses Verhalten zu ändern als Mitarbeiter, auf die lediglich Druck ausgeübt wird.

Über die Instrumente Anerkennung aussprechen und Beachtung erteilen, konstrukive Kritik üben und regelmäßige Kontrolle durchführen, können Sie sich als Führungskraft viele Konflikte und Probleme im laufenden Führungsprozess ersparen.

Wenn Ihre Kritik nicht angenommen wird – Der Tadel

Tadel wenden Sie immer dann an, wenn Ihr Mitarbeiter wissentlich, also bewusst etwas falsch macht. Dem Tadelgespräch muss immer mindestens ein Kritikgespräch (besser noch zwei Kritikgespräche) vorausgehen. Das Tadelgespräch setzen Sie immer dann ein, wenn Ihr Mitarbeiter nach dem Kritikgespräch sein Verhalten nicht in gewünschter Weise ändert, sondern so weitermacht wie bisher, obwohl er weiß, dass sein Verhalten nicht korrekt ist.
In diesem Fall ist es wichtig, ein Instrument zu haben, welches die Grenzen und Konsequenzen aufzeigt, die eine Fortsetzung des Fehlverhaltens Ihres Mitarbeiters zur Folge haben wird.

Und so sprechen Sie den Tadel aus:

- Wählen Sie wenn möglich einen positiven Einstieg (mit der Stärke des Tadels angemessener Einschränkung).
- Nennen Sie wertneutral die Fakten.

- Versuchen Sie Ihren Mitarbeiter zu einer Selbstbeurteilung zu bewegen.
- Stellen Sie gemeinsam die Ursachen für das Fehlverhalten fest.
- Zeigen Sie die Konsequenzen fortgesetzten Fehlverhaltens auf.
- Treffen Sie erneute Vereinbarungen mit Ihrem Mitarbeiter.

Im Rahmen eines konsequenten Führungsverhalten steht im Tadelgespräch Ihr eindringlicher Appell als Vorgesetzter an Ihren Mitarbeiter, sein Verhalten zu ändern, im Vordergrund. Dem Gespräch liegt die Unterstellung zugrunde, dass sich Ihr Mitarbeiter vielleicht gar nicht bewusst ist, dass sein Verhalten zu Konsequenzen führt. Stellen Sie ihm daher ganz konkret die Frage, ob er diese Konsequenzen will bzw. bereit ist, sie in Kauf zu nehmen.
Wenn ja, müssen Sie dies als Entscheidung Ihres Mitarbeiters akzeptieren. Wenn nein, dann gibt es keinen Grund für ihn sein Verhalten nicht zu ändern.

Vertrauen ist gut – Kontrolle ist ... die Voraussetzung erfolgreichen Führens

Kontrolle ist die allgemeine Überwachung des betrieblichen Geschehens. Kontrolle ist Ihre Chance, wirklich erfolgreich zu führen. Bei allem Vertrauen ist Kontrolle ein unverzichtbares Element im Prozess der Mitarbeiterführung. Die Kontrolle gibt die Möglichkeit, Fehler direkt zu korrigieren und gute Leistungen anzuerkennen. Sie ermöglicht Ihnen als Führungskraft, Sachthemen zu kontrollieren und dies mit Feedback zu verbinden.
Kontrolle ist als Führungsaufgabe nicht delegierbar. In der Regel übt nur der unmittelbare Vorgesetzte innerhalb seines Verantwortungsbereiches Kontrollen aus. In abweichenden Fällen muss der jeweilige unmittelbare Vorgesetzte des betroffenen Verantwortungsbereiches sofort informiert werden. Kontrolle

sollte bei allen Mitarbeitern im gleichen Maße ausgeübt werden. Werden leistungsschwache Mitarbeiter sehr häufig kontrolliert, leistungsstarke Mitarbeiter nur sehr selten, so könnte dies missverstanden werden.
Kontrolle ist immer zielorientiert einzusetzen. Allgemeine Floskeln wie *„Alles klar?“* sind eher dazu angetan, Kontrolle zu vermeiden und von dieser Aufgabe entbunden zu werden.
Kontrolle ist ein Ist-Soll-Vergleich. Eine Kontrolle ohne vorherige Vereinbarung, was erreicht werden soll, ist sinnlos. Andererseits bleibt jede Vereinbarung völlig unverbindlich wenn es keine Kontrolle gibt.
Ohne ganz konkrete Zielvereinbarungen wird jede Kontrolle für Ihren Mitarbeiter sinnlos, erscheint als wenig hilfreich und vor allem nicht notwendig. Ist dagegen eine Vereinbarung getroffen, aber Sie als Vorgesetzter kontrollieren nicht, ist das für Ihren Mitarbeiter wenig motivierend, da er bei gutem Ergebnis eine Anerkennung erwartet. Wenn etwas nicht der Aufgabenstellung entspricht, erwartet Ihr Mitarbeiter von Ihnen konstruktive Kritik, um bei der nächsten Kontrolle für die entsprechende Korrektur der Leistung oder des Verhaltens gelobt und anerkannt zu werden.

Nur konsequente Rückmeldungen ermöglichen Ihnen das erfolgreiche „Loslassen“ Ihrer Mitarbeiter

Durch zeitnahe individuelle Rückmeldungen erfährt Ihr Mitarbeiter Anerkennung und Kritik für seine Leistung und ist somit in der Lage, sein Leistungsverhalten in die vom Unternehmen gewünschte Richtung zu entwickeln.

Er erfährt Grenzen und Prioritäten, die für seinen beruflichen Erfolg in seinem Aufgabenbereich wichtig sind.

Damit wird er in die Lage versetzt, sein Verhalten und Wollen an den Anforderungen zu spiegeln und Eigenverantwortung für sein Handeln zu übernehmen.

Motivierte Mitarbeiter sind bessere Mitarbeiter

Motivation ist die Triebfeder unseres Handelns, der innere Antrieb, der uns zum Handeln veranlasst. Motivation ist Bewegungs- und Veränderungsursache, sie stellt Energie dar, die – wenn sie nicht gehemmt wird – Aktivität verursacht. Motive sind dementsprechend die Gründe und Ziele, die jemanden veranlassen aktiv zu werden, zu handeln etwas zu bewegen.
Die Motive zu handeln treten nicht isoliert auf, sondern in Kombination mehrerer Motive, die das Verhalten einer Person bestimmen. Jeder Mensch hat eine unterschiedliche und jeweils individuelle Motivationsstruktur. Es gibt also kein einheitliches Motiv, das alle Mitarbeiter bewegt, ihre Leistungen und ihren Einsatz im Sinne des Unternehmens zu steigern.

> Motivation und dadurch verstärktes Engagement Ihrer Mitarbeiter erreichen Sie dadurch, dass Sie die Bedürfnisse Ihrer Mitarbeiter – zumindest teilweise – im Rahmen der Arbeit berücksichtigten. Eine eigene Leistung in Verbindung mit einer sinnvollen, interessanten vielseitigen und verantwortungsvollen Aufgabe und dem damit verbundenen Erfolgs- und Anerkennungserlebnis motiviert die Menschen am meisten.

Wichtig ist, den Mitarbeiter nicht einfach nur mit den Anforderungen zu konfrontieren, sondern ihm die Chance zu geben, zu lernen und zu wachsen. So kann er auch in Zukunft die ihm zugedachten Aufgaben erfüllen, ohne dass seine Motivation abnimmt.

Mehr Motivation und Arbeitszufriedenheit erreichen Sie, indem Sie

- Funktionen, Aufgaben, Kompetenzen und Vollmachten klar definieren,
- jeden Mitarbeiter darüber informieren, wie seine Stellung ist und welche Bedeutung seine Arbeit für das Gesamtunternehmen hat (ganzheitlicher Sinn der Arbeit),

- Ihrem Mitarbeiter nicht nur das Was und Wie sondern auch das Warum erläutern,
- Ihre Versprechungen konsequent einhalten; denn nur dann sind sie motivierend,
- die richtigen Rahmenbedingungen für die Erfüllung der Aufgabe schaffen,
- eine gute Einführung neuer Mitarbeiter durch Hilfestellungen, soziale und fachliche Unterstützung gewährleisten,
- Herausforderungen und interessante Tätigkeiten für die Mitarbeiter schaffen,
- mehr Anerkennung und Lob aussprechen. Kleinigkeiten aus Ihrer Sicht sind manchmal Heldentaten für Ihren Mitarbeiter,
- zeitnah, konstruktiv und angemessen Kritik üben,
- auf Regeleinhaltung in der Kommunikation achten, beispielsweise Vier-Augen-Gespräche, keine Kritik vor Dritten etc.,
- selbstständige Arbeit oder eigenständige Arbeitsanteile ermöglichen,
- gemeinsam mit Ihren Mitarbeitern Ziele und Aufgabenstellungen entwickeln,
- Entscheidungsspielräume delegieren,
- Mitarbeiter rechtzeitig und ausreichend informieren,
- Ihren Mitarbeitern Vorschlagsrechte, Planungs- und/oder Entscheidungsspielräume einräumen,
- ein Motivationssystem mit Anreizen wie Prämiensystem und betrieblichem Vorschlagswesen, Lohnanreizen, freiwilligen Sozialleistungen etc. installieren,
- für ein gerechtes Lohn- und Gehaltsgefüge sorgen,
- Beurteilungen durchführen und mit den Mitarbeitern besprechen,
- Potenziale ermitteln und Entwicklungsmöglichkeiten mit den Mitarbeitern besprechen,
- für rechtzeitige Schulung und planvolle Weiterbildung sorgen.

Ein Patentrezept für stärkere Motivation gibt es nicht. Die Mitarbeiter, die in einem Unternehmen neu anfangen, bringen in der Regel eine Grundmotivation mit. Diese Motivation zu erhalten und zu steigern ist Ihre Aufgabe als Führungskraft. Deswegen kommt der Personalauswahl, der Einarbeitung neuer Mitarbeiter und der Weiterentwicklung bestehender Mitarbeiter eine große Bedeutung zu.

Das Motivationsgespräch

Mit lediglich einem einzigen Gespräch ist das Thema Motivation für Sie als Führungskraft nicht erledigt. Ganz im Gegenteil: In allen anderen Formen von Mitarbeitergesprächen finden sich Elemente des Motivationsgespräches wieder.

> Eine „motivierende Kommunikation" ist also die Grundlage für eine erfolgreiche Führung. Das Grundprinzip der Motivation ist überall anzuwenden.

Um dies leisten zu können, müssen Sie zunächst die Bedürfnisse Ihres Gegenübers kennen oder erfragen und entsprechend diesen Bedürfnissen Anreize oder reizvolle Ziele bieten. Sie sollten anschließend nachfragen, wie Ihr Gegenüber dieses Ziel bewertet. Anschließend ermöglichen Sie ihm aktiv zu werden, z.B. durch Einbringen seiner Ideen für die Umsetzung sowie seine Beteiligung bei der späteren Realisierung.

So gehen Sie im Rahmen des Motivationsgespräches vor:

- Wählen Sie einen positiven Einstieg – z.B. durch Lob einer konkreten Handlung.
- Nennen Sie ein attraktives Ziel.
- Prüfen Sie, ob Ihr Mitarbeiter dieses Ziel ebenfalls reizvoll findet.
- Vergewissern Sie sich der Zustimmung Ihres Mitarbeiters zu dieser Aufgabenstellung.
- Anerkennen Sie seine Haltung.
- Holen Sie Vorschläge für die Umsetzung ein.
- Treffen Sie eine konkrete Vereinbarung.

Von der Demotivation bis zur inneren Kündigung

Das Gegenteil von Motivation ist Demotivation. Beides bedeutet Bewegung. Motivation im positiven Sinne lenkt die Aktivitäten in eine produktive Richtung. Demotivation lenkt die Energie in eine entgegengesetzte, destruktive Richtung.

Demotivierte Mitarbeiter beschäftigen sich mehr mit sich selbst als mit Sachfragen. Sie wenden ihre Aktivität weniger frustrierenden Zielen, in der Regel außerhalb ihres Arbeitsplatzes, zu oder arbeiten eventuell sogar kontraproduktiv.

Diese Energie geht dem Unternehmen im günstigsten Fall nur verloren. Oft richtet sich der Energieeinsatz aber sogar gegen das Erreichen der unternehmerischen Ziele. Wird diese Energie nicht durch entsprechende Führungsmaßnahmen wieder zugunsten des Unternehmensziels zurückgewonnen, manifestiert sich die Demotivation und führt zu offenen oder versteckten Aggressionsäußerungen, zum Rückzug oder schlimmstenfalls zur sog. inneren Kündigung.

Innere Kündigung erkennen – Einige Tipps

- Überbewerten Sie das Auftreten einzelner Signale nicht. Nicht jeder Mitarbeiter, der mangelnde Überstundenbereitschaft an den Tag legt oder länger nicht beim Friseur war, hat bereits innerlich gekündigt.
- Achten Sie darauf, ob mehrere Signale der inneren Kündigung bei einem Mitarbeiter über einen überschaubaren Zeitraum auftreten.
- Überprüfen Sie die Anzeichen in einem bzw. mehreren Mitarbeitergesprächen.

Durch ein mitarbeiter- und leistungsorientiertes Führungsverhalten können Sie der inneren Kündigung Ihrer Mitarbeiter vorbeugen.

Präventive Maßnahmen gegen die innere Kündigung

- Steuern Sie einen „klaren Kurs“ und werden Sie zu einem verlässlichen Partner für Ihre Mitarbeiter.

- Lassen Sie Ihren Mitarbeitern Entscheidungsspielräume.
- Zeigen Sie Ihren Mitarbeitern, dass Sie sie als Person akzeptieren und nicht nur Arbeitskräfte in ihnen sehen.
- Unterstützen und schützen Sie Ihre Mitarbeiter.

So reduzieren Sie Fehlzeiten

Hohe Fehlzeiten sind für die Unternehmen ebenso wie die innere Kündigung von Mitarbeitern zu einem echten Kostenproblem geworden. Oft gehen innere Kündigung und Fehlen des Mitarbeiters Hand in Hand bzw. weisen aufeinander hin, jedoch muss dies nicht immer so sein. Erfahrungswerte in Unternehmen haben ergeben, dass etwa 50 Prozent der Fehlzeiten motivationsbedingte Ursachen haben.
Spricht man von Reduzierung der Fehlzeiten als Führungsaufgabe, so ist in der Regel der Krankenstand und das Fehlen von Mitarbeitern gemeint. Zur konsequenten Bearbeitung von Fehlzeiten sollten Sie die Fehlzeiten analysieren, die Mitarbeiter kontinuierlich informieren und deren Bewusstsein für die Folgen ihres Fehlens sensibilisieren sowie Maßnahmen präventiver Art (wie Arbeitsplatzgestaltung, Weiterbildungen zum Thema gesunde Ernährung, Stressabbau, Bewegung) einleiten.

Weiterhin sollten Sie konkrete Maßnahmen zur Senkung der Fehlzeiten ergreifen:

- die Analyse von Fehlzeiten aufgrund der Erfahrungs-/Vergleichswerte in Ihrem Arbeitsbereich,
- das gezielte Gespräch nach jeder Krankheit/Fehlzeit (Rückkehrgespräch),
- Kontakt mit erkrankten Mitarbeitern halten,
- das wiederholte Gespräch mit Mitarbeitern, die Fehlzeiten ausnutzen („Blaumacher“),
- professioneller Umgang mit Suchtkranken.

Das Rückkehrgespräch

Das Rückkehrgespräch führen Sie bei der Rückkehr des Mitarbeiters aus Erkrankung oder längerer Abwesenheit. Das Ge-

spräch führt der unmittelbare Vorgesetze und dient der Begrüßung des aus Abwesenheit „zurückgekehrten“ Mitarbeiters. Je nach Unternehmen und den getroffenen betrieblichen Vereinbarungen wird das Rückkehrgespräch auch als Präventionsgespräch bezeichnet, welches den Sinn hat, die Gründe für auffälliges Fehlzeitenverhalten zu überprüfen.
Wenn Sie bei Mitarbeitern eine Häufung von Fehlzeiten feststellen, müssen Sie dies konkret ansprechen. Dies ist zum Beispiel dann der Fall, wenn ein Mitarbeiter öfters unentschuldigt ohne ärztliches Attest fehlt. Hier sollten Sie rechtzeitig einschreiten und dem betreffenden Mitarbeiter konsequente Grenzen aufzeigen.

Einige Tipps zur Vorbeugung von Fehlzeiten

- Achten Sie darauf, dass Arbeitsbedingungen und Arbeitsklima Ihrer Mitarbeiter gut sind.
- Leiten Sie gegebenenfalls entsprechende Maßnahmen in Bezug auf Arbeitssicherheit, Ergonomie, Technik und Arbeitsmedizin ein, beziehungsweise weisen Sie auf entsprechende Problemzonen hin.
- Informieren Sie und sensibilisieren Sie ihre Mitarbeiter für die Thematik der Fehlzeiten.
- Bieten Sie Ihren Mitarbeitern die Möglichkeit sich zu informieren über:
  - gesunde Ernährung, Bewegung und sportliche Aktivitäten,
  - Ergonomie und richtiges Sitzen am Arbeitsplatz,
  - Entspannen und Umgang mit Stress,
  - Umgang mit Konflikten, Mobbing,
  - Rauchen, Alkohol und andere Suchtgefahren,
  - Team und Zusammenhalt.
- Achten Sie auf eine offene, wertschätzende Kommunikation miteinander und untereinander.
- Zeigen Sie, wie wichtig Ihnen Ihre Mitarbeiter sind und gehen Sie konsequent vor, damit die Mitarbeiter, die Sie ausnutzen, auf Dauer keine Chance haben.

„Mir ist egal, ob sich meine Leute wohl fühlen – Hauptsache, die Arbeit wird erledigt.“

Die Mitarbeiter sind das größte Kapital der Unternehmen – und auch Ihres als Führungskraft. Demotivierte und frustrierte Mitarbeiter leisten nicht das, was sie unter günstigeren Arbeitsbedingungen leisten könnten und sind schlimmstenfalls sogar Sand im Getriebe, wenn sich ihre Frustration in offener Destruktivität niederschlägt.

Es liegt an Ihnen, ein positives Arbeitsklima zu schaffen, um die Potenziale Ihrer Mitarbeiter voll ausschöpfen zu können. Zufriedene und daher motivierte Mitarbeiter sind erfolgreiche Mitarbeiter und der Erfolg Ihrer Mitarbeiter ist letztlich Ihr Erfolg!

So erkennen und lösen Sie Konflikte

Konflikte gehören zum Leben. Konflikte an sich sind nicht notwendig problematisch, da sie viele positive Funktionen erfüllen. Konflikte weisen auf Probleme hin. Sie erfordern Kommunikation und verhindern so Stagnation. Sie regen Interesse an und lösen Veränderungen aus. Sie führen zu Selbsterkenntnissen und verlangen nach Lösungen. Problematisch dagegen ist der Umgang mit Konflikten und die Form der Bewältigung.
Konflikte haben gerade im betrieblichen Alltag in den letzten Jahren stark zugenommen. Einige Gründe kommen hier zusammen. Zum einen verändern sich die Märkte immer schneller und die Unternehmen müssen sich entsprechend auch verändern. Dies führt intern im Unternehmen zu Widerständen, Machtkämpfen und sozialen Ausseinandersetzungen. Weiterhin haben sich viele Strukturen geändert. Als Führungskraft können Sie sich nicht mehr nur aufgrund Ihrer Position Autorität verschaffen, sich sicher fühlen oder Macht ausüben. Eine leitende Tätigkeit verlangt vielmehr soziale und persönliche

Kompetenz und Souveränität im Umgang mit Meinungsverschiedenheiten und Konflikten. Um Teamleistungen erfolgreich zu erreichen, müssen die Teams lernen, konstruktiv mit Konflikten umzugehen und diese zu nutzen. Heute werden von Mitarbeitern Selbstständigkeit und eigenverantwortliches Handeln erwartet. Damit steigt der Handlungsspielraum und die Möglichkeiten diesen zu gestalten. Sind Grenzen, Kompetenzen und Aufgaben nicht deutlich abgegrenzt und Ziele definiert, ist eine Vielzahl von Konflikten vorprogrammiert.

Konflikte sind aber kein Schicksal, das es auszuhalten gilt, sondern sie bieten, wenn sie aktiv, konstruktiv und vorausschauend gemanagt werden, gerade für Sie als Führungskraft die Chance, weit reichenden Aufschluss über Ihre Mitarbeiter zu gewinnen und Abläufe positiv zu gestalten.

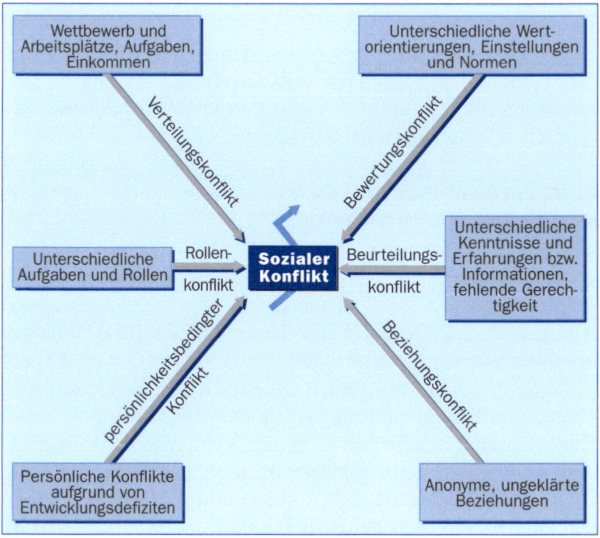

Deswegen „kracht" es: Soziale Ursachen für Konflikte

Der Prozess des Konfliktmanagements

Schritt 1: Diagnostizieren

Für die Führungskraft liefern Konflikte viele wertvolle Informationen. Sie können bei Entscheidungen nicht im Voraus auf alles und jeden Rücksicht nehmen. So entstehen automatisch Konflikte. Diese bieten Ihnen aber die Chance, an Informationen zu gelangen, die Sie sonst in der Regel wahrscheinlich nicht erfahren würden.
So erfahren Sie, wo im Team zwischen Ihren Mitarbeitern die „Chemie nicht stimmt", wie einzelne Mitarbeiter sich selber und ihre Leistungen sehen, wie Belastungen von den einzelnen Mitarbeitern wahrgenommen werden, welche „Probleme im Raum" stehen oder warum „etwas nicht stimmt".
Ob sich daraus dann ein konkreter Handlungsbedarf und für wen ergibt, ist im Einzelfall zu lösen. Wichtig ist, dass Sie den Konflikt nicht als Bedrohung empfinden und ihn „unter den Tisch kehren" bzw. verstecken.
Schwelende Konflikte entwickeln sich weiter, sie eskalieren, bis es „knallt" und es als Folge in den Arbeitsabläufen zu gravierenden Fehlern kommt. Dann ist die Konfliktlösung wesentlich aufwändiger und schwieriger.

In diesem Sinne bedeutet Diagnostizieren:

- Klären Sie kritische Punkte.
- Stellen Sie fest, wer die Beteiligten sind.
- Benennen Sie die ursächlichen Konfliktquellen.

Alle am Konflikt Beteiligten sollten in die Konfliktlösung mit involviert werden. Das ist in der Praxis nicht einfach, da Konflikte, wenn sie sich ausbreiten „Kreise ziehen" und viele Menschen betreffen. Als Führungskraft ist es Ihre Aufgabe, diesen Konflikten auf den Grund zu gehen und das Konfliktfeld immer weiter einzuengen, bis der Konflikt ursächlich geklärt ist. Bei besonders schwierigen Konflikten empfiehlt es sich, einen neutralen Moderator oder Berater zur Diskussion und Klärung des Konfliktes hinzuzuziehen.

Als Vorgesetzter müssen Sie sich einer Vielzahl von Konflikten stellen, die im direkten Bezug zur Arbeitsleistung Ihrer Mitarbeiter stehen:

- Ihr Mitarbeiter will mehr Gehalt, Sie möchten oder können aber nicht mehr bezahlen.
- Ihr Mitarbeiter will mehr Urlaub, was das gesamte Urlaubsgefüge durcheinander bringen würde.
- Ihr Mitarbeiter fehlt häufiger mit fadenscheinigen Begründungen.
- Ihre Mitarbeiter haben unterschiedliche Ansichten zum Thema Rauchen.
- Ein Mitarbeiter hat etwas gegen einen anderen und will mit ihm nicht zusammenarbeiten.
- Ihre Mitarbeiter sind in einem Punkt gänzlich anderer Meinung als Sie.

In allen diesen Fällen sollten Sie in der Lage sein, eigene Interessen zu artikulieren, die Interessen der Beteiligten anzuhören und zu berücksichtigen und gemeinsam eine Lösung zu entwickeln und in die Tat umzusetzen.

Schritt 2: Planen

Erkennen Sie, wie Sie mit Konflikten umgehen. Das indivduelle Konfliktverhalten hängt eng mit dem grundsätzlichen Verhalten zusammen, das jemand an den Tag legt. So kann man beispielsweise den „Streitsüchtigen“, den „Harmoniebedürftigen“, den „Negativen“ und den „Positiven“ voneinander unterscheiden.

Der Streitsüchtige ist sehr temperamentvoll und setzt sich voll für seine Ziele ein. Er kämpft wie ein Löwe. Er will immer Recht behalten und gewinnen. Es sind immer die anderen gewesen. So neigt er dazu, die anderen zu kritisieren, anzuklagen und die Schuld für das Scheitern von Dingen bei anderen zu suchen.

Der Harmoniebedürftige zeichnet sich dagegen dadurch aus, dass er jedem Streit aus dem Weg geht, sehr schlecht „Nein“ sagen kann, sich lieber ausnutzen lässt als einen Konflikt auszu-

tragen, sich nicht abgrenzt und seine Interessen vertritt, auch offensichtliche Widersprüche leugnet und ignoriert.
Der Negative weiß im Voraus schon immer, was alles schief gehen wird, was sowieso nicht klappen kann und dass alles ohnehin nichts bringt. Es lohnt sich nicht was zu tun, weil alles anders kommt. Alles Neue sowie Veränderungen und mögliche Lösungen werden von Anfang an als aussichtslos beurteilt.
Der Positive ist in der Lage mit Konflikten konstruktiv umzugehen. Er spricht seine Meinung aus, vertritt seine Interessen und verfolgt seine Ziele. Er nimmt jedoch Rücksicht auf die Bedürfnisse der anderen Betroffenen und geht respektvoll mit ihnen um. Er sucht Lösungen, die für alle tragbar sind.
Egal zu welchem Verhaltensmuster Sie zu tendieren glauben, trainieren Sie Ihr eigenes Konfliktverhalten, bauen Sie eventuelle Schwächen ab und lernen Sie, mit den Betroffenen entsprechend umzugehen.

In diesem Sinne bedeutet Planen:
- Versuchen Sie, die Verhaltensmuster der am Konflikt beteiligten Personen zu ermitteln.
- Erkennen Sie Ihre eigenen Verhaltensmuster.
- Planen Sie dann Ihre Strategie.

Schritt 3: Vorbereiten und Ausführen

Handeln Sie in Konfliktfällen nicht vorschnell, nehmen Sie sich Zeit. Gehen Sie dem Konflikt auf den Grund.

> Machen Sie sich den Unterschied zwischen dem Thema (Was passiert aktuell im Moment?) und dem eigentlichen Grund des Konfliktes klar.

Ansonsten können Sie leicht in eine falsche Richtung gelenkt werden und durch eine vorschnelle Reaktion den Konflikt noch verschärfen. Erst wenn Sie die Ursache und die Hintergründe des Konfliktes kennen und die Standpunkte der Beteiligten nachvollziehen können, können Sie eine Strategie entwickeln.

In diesem Sinne bedeutet Vorbereiten und Ausführen:

- Versuchen Sie nicht spontan kleinere Brände zu löschen, sondern entwickeln Sie einen ganzheitlichen Problemlösungsrahmen, der den Dingen wirklich auf den Grund geht.
- Prüfen Sie zunächst vorsichtig, wie die am Konflikt beteiligten Mitarbeiter auf Ihre Vorgehensweise reagieren.
- Führen Sie Ihren Plan konsequent aus.

Überlegen Sie sich genau, was Ihr Ziel, Ihr Interesse und Ihre Vorgehensweise ist. Sehen Sie sich Ihr Gegenüber genau an, wie wird Ihr Mitarbeiter reagieren, was ist sein Interesse, welche Argumente wird er anführen? Im Team und in anderen Konflikten, in die mehrere Personen involviert sind, ist es wichtig, die Personen herauszufinden, die die tragenden Rollen im Konflikt einnehmen.

Und so gehen Sie grundsätzlich im Konflktfall vor:

- Ermitteln Sie zunächst. um welche Art Konflikt es sich handelt. Verwenden Sie dabei Ich-Botschaften.
- Sprechen Sie Konflikte offen an.
- Arbeiten Sie alle Hintergründe der Störung sachlich heraus.
- Vermitteln Sie allen Beteiligten ihre unterschiedlichen Wahrnehmungen des Sachverhaltes und versuchen Sie, festgefahrene Standpunkte sachlich zu relativieren.
- Lassen Sie die Beteiligten die Störungen in konkrete Wünsche umformulieren.
- Geben Sie allen Beteiligten die Chance, Vorschläge zur Konfliktlösung einzubringen.
- Prüfen, beurteilen und bewerten Sie mögliche Einwände gegen die Lösung und deren mögliche Konsequenzen.
- Suchen Sie nach Verfahren und/oder Verhaltensweisen, mit deren Hilfe der Konflikt geklärt und ein reibungsloser Ablauf sichergestellt werden kann.
- Einigen Sie sich auf ein Verfahren zur Konfliktlösung, das für alle Beteiligten annehmbar ist.

So beugen Sie Konflikten vor

Je früher man im Konfliktfall gemeinsam nach Lösungsmöglichkeiten sucht, desto größer ist die Chance auf Besserung. Verkomplizieren Sie die Dinge also nicht und nennen Sie sie beim Namen. Sprechen Sie die Dinge an, wenn sie anstehen. Fördern Sie eine angemessene Streitkultur. Aus Harmoniebedürfnis Konflikte nicht anzusprechen führt nicht zu Lösungen. Besser es knallt und ein reinigendes Gewitter setzt ein, als unterschwellige Konflikte gären zu lassen. Drücken Sie sich präzise aus und definieren Sie Begriffe, bzw. erklären Sie sachlich, was Sie meinen. Viele Konflikte entstehen durch bloße Missverständnisse. Nicht jeder Mensch hat die gleichen Vorstellungen und Bilder im Kopf. Nicht jeder versteht z.B. unter Engagement, Vertrauen, Einsatzfreude und Zuverlässigkeit das Gleiche.
Unterstützen Sie ihre Mitarbeiter darin, eine eigene Meinung zu haben, diese auch zu äußern und abweichende Meinungen nicht als Angriff oder Ablehnung zu verstehen, sondern als Chance für die Verbesserung einer Sache oder einer Situation.

> Sprechen Sie regelmäßig mit Ihren Mitarbeitern über die Art und Weise der Kommunikation. Legen Sie gemeinsame Spielregeln fest.

Regen Sie Ihre Mitarbeiter zu einem gemeinsamen Miteinander an. Wenn die menschliche Ebene stimmt, lassen sich Dinge viel leichter aus der Welt schaffen. Dazu gehört auch, dass Sie durch persönliche Konsequenz und Klarheit Vertrauen schaffen. Jeder Verlust an Glaubwürdigkeit wirkt im Konfliktfall doppelt. Pflegen Sie und fördern Sie offene Kommunikation.

Als Führungskraft Mobbing verhindern

Konfliktsitutationen im Arbeitsalltag sind unausweichlich. Dauern diese jedoch über einen längeren Zeitraum an, in der Regel spricht man von einem halben Jahr und mehr, dann kann der Konflikt in Mobbing übergehen. Von Mobbing spricht man,

wenn über einen längeren Zeitraum eine oder mehrere Personen eine andere angreifen, anfeinden oder sonstige Übergriffe tätigen, um dieser Person das Arbeitsleben schwer zu machen.
Zu Mobbern können Mitarbeiter sowohl bei Überlastung als auch im Falle von Unterforderung werden. Überlastung entsteht, wenn der Mitarbeiter mehr zu tun hat, als er bewältigen kann. Der dadurch entstehende Stress wirkt begünstigend für Mobbing. Von qualitativer Unterforderung spricht man dann, wenn Mitarbeiter z.B. durch die Automatisierung verschiedener Vorgänge nicht mehr genug geistig gefordert sind. Sie wenden sich dann einem Feld zu, in dem sie „kreativ und geistig aktiv" sein können und mobben sozusagen aus Langeweile. Sie mobben lieber als geistig zu verkalken.
Als Führungskraft sind Sie also gefordert, sowohl Über- als auch Unterforderung Ihrer Mitarbeiter entgegenzuwirken. Zu hohe Arbeitsbelastung kann umverteilt werden, monotone Aufgaben lassen sich mit Zusatztätigkeiten versehen. Haben Ihre Mitarbeiter interessante und persönlich herausfordernde Aufgaben, werden Sie ihre Energie auf deren Bewältigung richten und nicht darauf, schwächere Kollegen zu drangsalieren.

Wie Sie Mobbing entgegen wirken

Wenn es Ihnen gelingt, Ihre Mitarbeiter zu einem funktionierenden sozialen System zusammenzuführen, können Sie Mobbing in der Regel schon im Ansatz verhindern. Dazu gehört auch der Umgang miteinander und die Art und Weise der Kommunikation. Ein Witz ist nur dann ein Witz, wenn der Gegenüber es ebenfalls lustig findet. Witze auf Kosten von Schwächeren zu machen ist unfair und für die betroffene Person unter Umständen sehr verletzend.
Schon möglichst früh sollten Sie ein entsprechendes Verhalten konsequent in Frage stellen. Mobber müssen deutlich in ihre Schranken verwiesen werden. Nötigenfalls reagieren Sie mit Abmahnung, Versetzung oder Kündigung.
Wenn Sie als Führungskraft regelmäßige Einzelgespräche führen und Ihren Mitarbeitern die Möglichkeit der Reflexion, der

kritischen Äußerung und der kreativen Ideeneinbringung ermöglichen, wird viel Sprengstoff im Vorfeld entschärft und die Gefahr des Mobbings deutlich reduziert. Hilfe können Betriebsrat, Betriebsarzt oder eine andere Vertrauensperson leisten. Sie helfen auch, festgefahrene Situationen aufzubrechen.

„Meine Leute sind alt genug, ihre Streitigkeiten selber auszubaden."

Durch Konflikte am Arbeitsplatz und Mobbing kommt es zu schlechter Produktionsqualität und unzureichendem Umgang mit Ressourcen. Es entstehen erhebliche Kosten durch Ausfallzeiten, Abwehrverhalten gegen Veränderungen, höhere Personalfluktuation sowie den Verlust fachlicher Qualität und eines guten Betriebsklimas.

Dringen interne Konflikte und Mobbing nach außen, ist der Imageverlust des Unternehmens und seiner Führung groß. Negative Folgen für Personalgewinnung und Marktbehauptung sind vorprogrammiert.

Sie als Führungskraft sind in der Lage, diesen Teufelskreis zu durchbrechen. Durch offene und positive Kommunikation können Sie Konflikte lösen und ihnen vorbeugen und Mobbern ihre Plattform entziehen und damit für Ihr Unternehmen und die Betroffenen enormen materiellen und immateriellen Schaden abwenden.

3.3 Bilanz ziehen – Mitarbeiter beurteilen und Zielerreichungen feststellen

Mitarbeiter in regelmäßigen Abständen zu beurteilen, gehört zu Ihren wichtigsten Führungsaufgaben. Beurteilen heißt, die Leistungen einer Person bei der Durchführung der Gesamtauf-

gabe einschätzen und anhand eines Vergleichsmaßstabes einstufen.
Die Beurteilung lebt von aufsummierten „Einzelurteilen", die in vielen Einzelkontrollen, Gesprächen, Beobachtungen und Leistungsvergleichen gewonnen wurden.

Jede Beurteilung ist gleichzeitig die Dokumentation des Führungsverständnisses und Führungsverhaltens. Sie legt Zeugnis ab über Souveränität und Qualität des Beurteilers.

Ziele der Beurteilung sind

- die Qualifikationen,
- das Arbeitsverhalten sowie
- die Fähigkeiten

des Mitarbeiters zu erkennen, um die Personen entsprechend optimal einsetzen zu können.

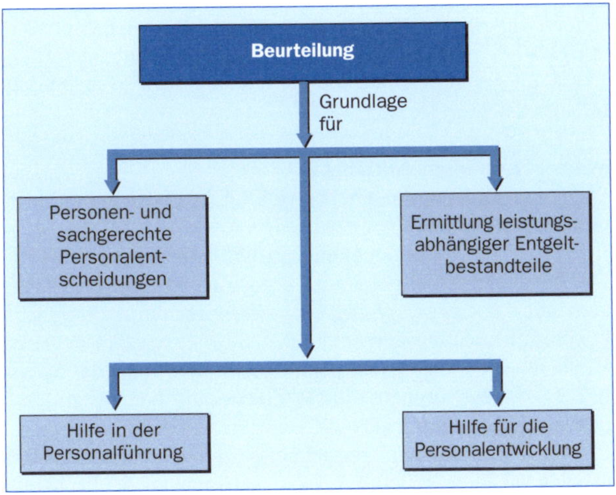

Die Mitarbeiterbeurteilung ist die Grundlage für Entscheidungen im gesamten Personalwesen

Dimensionen der Beurteilung

Im Rahmen der Beurteilung werden drei Dimensionen unterschieden. Diese sind:

- Leistungsbeurteilung,
- Persönlichkeitsbeurteilung,
- Potenzialbeurteilung.

Welche Leistungen hat Ihr Mitarbeiter erbracht?

Im Mittelpunkt steht die Leistungsbeurteilung. Sie erfolgt immer vergangenheitsorientiert und umfasst in der Regel einen Zeitraum von ein oder zwei Jahren. Sie berücksichtigt sämtliche Leistungen, die ein Mitarbeiter während des gesamten Beurteilungszeitraums erbracht hat. Die Beurteilung des Mitarbeiters darf sich nur an den spezifischen Anforderungen seines Arbeitsplatzes orientieren. Außer den planmäßig zu erledigenden Aufgaben sind auch alle Sonderaufgaben sowie die Mitarbeit in Projekt- oder Arbeitsgruppen zu berücksichtigen. Eindrücke außerbetrieblicher Geschehnisse, die nicht mit dem Aufgabenbereich des Mitarbeiters im Zusammenhang stehen, sowie vor der letzten Beurteilung liegende Ereignisse müssen unberücksichtigt bleiben.

Was steckt in Ihrem Mitarbeiter?

Die Potenzialbeurteilung richtet sich auf die Eignung Ihres Mitarbeiters in Hinblick auf zukünftige Aufgaben und die Möglichkeiten seiner individuellen beruflichen Weiterentwicklung. Die Potenzialbeurteilung ist zukunftsorientiert, und prognostiziert auf der Grundlage der erbrachten Leistungen mögliche zukünftige Leistungsentwicklungen. Sie hat zum Ziel, die fachliche Qualifikation und die persönlichen Merkmale des Mitarbeiters, die für die betriebliche Zielsetzung bedeutsam sind, festzustellen.

Potenzialbeurteilungen werden bei der innerbetrieblichen Besetzung vakanter Stellen, zur Nachwuchsplanung der Fach- und Führungskräfte, zur individuellen Laufbahnplanung sowie zur Bildungsbedarfsermittlung eingesetzt.

Wer ist Ihr Mitarbeiter als Person?

Die Persönlichkeitsbeurteilung stellt die Persönlichkeit eines Mitarbeiters in den Vordergrund. In der Regel gehört sie nicht zu den direkten Aufgaben der Führungskraft in der Mitarbeiterführung, da sie weitergehende psychologische Kenntnisse erfordert. Diese Form der Beurteilung findet in der Praxis in verschiedenen Bereichen der Personalauswahl und Teamzusammenstellung Anwendung. Sie wird in Form von Tests, Gesprächen und im Assessment Center durchgeführt. Es handelt sich dabei um das Erkennen bestimmter Verhaltensmuster und Verhaltensmerkmale. Weitergehende tiefenpsychologische Betrachtungen stoßen auf rechtliche Beschränkungen.

> Für die Mitarbeiterführung sind Leistungsbeurteilung und Potenzialbeurteilung die wichtigsten Instrumente.

Sie können getrennt oder in Kombination angewandt werden. Durch die Kombination beider Beurteilungen können Sie im Rahmen Ihrer Mitarbeiterbeurteilung den zukunftsorientierten Aspekt betonen und damit wesentlich zur Motivation Ihrer Mitarbeiter beitragen.

Wann können Beurteilungen durchgeführt werden?

In Bezug auf die Beurteilungszeitpunkte unterscheidet man zwei Arten von Beurteilungen:

- regelmäßige, periodische Beurteilungen,
- anlassbedingte Beurteilungen.

Regelmäßige, periodische Beurteilungen werden für alle Mitarbeiter durchgeführt. Sie sind häufig die Grundlage für eine periodische Lohn- und Gehaltsüberprüfung. Diesen Beurteilungen liegt ein systematisches Beurteilungssystem zugrunde. Die Abstände betragen in der Regel ein oder zwei Jahre. Die entsprechenden Kommunikationsinstrumente sind das Beurteilungsgespräch, Mitarbeitergespräch, Zielerreichungsgespräch und gegebenenfalls auch das Förder-und Potenzialgespräch.

Anlassbedingte Beurteilungen werden z.B. bei Ablauf einer Probezeit, bei Versetzungen oder Beförderungen, bei Wechsel des Vorgesetzten, Veränderung der Kompetenzen, Zwischenzeugnis auf Wunsch des Mitarbeiters, bei Disziplinarmaßnahmen, dem Ausscheiden aus dem Unternehmen sowie bei Zeugniserstellung durchgeführt. Hier ist es nicht erforderlich, dass bereits ein systematisches Beurteilungssystem zur Beurteilung der Mitarbeiter im Unternehmen eingesetzt wird.

Ein systematisches Beurteilungsverfahren bringt viele Vorteile mit sich ...

Ein konsequent eingesetztes Beurteilungsverfahren bringt für Ihr Unternehmen, für Sie als Vorgesetzten und für Ihre Mitarbeiter gleichermaßen Vorteile und nützt so jeder dieser Gruppen.

... für Ihr Unternehmen

Ihr Unternehmen erhält Informationen über seine Personallage. Es bekommt ein umfassendes Bild über Leistungsvermögen und Eignungsgrade seiner Mitarbeiter. Dies ermöglicht ihm auch in Zeiten von Umstrukturierung und Veränderung eine mitarbeitergerechte Personalplanung und einen optimalen Personaleinsatz zu gewährleisten. Weiterhin erhält Ihr Unternehmen eine Grundlage für die Schaffung eines leistungsbezogenen und gerechten Vergütungssystems.
Die Beurteilung kann weiterhin die Grundlage für eine effiziente und mitarbeitergerechte Weiterbildungspolitik sein. Durch die Ermittlung des konkreten Bildungsbedarfs der einzelnen Mitarbeiter und die Zusammenführung der Einzelbedarfe ist es möglich, eine gezielte Planung von Weiterbildungsmaßnahmen und deren Kontrolle zu erreichen. Dies bedeutet in der Regel, systematische Seminarplanung statt ad hoc Entscheidungen, langfristig aufeinander aufbauende Konzepte statt isolierter Einzelmaßnahmen sowie nachvollziehbare und berechenbare Maßnahmenplanung.

… für Sie als Vorgesetzten

Als Vorgesetzter können Sie aus einem richtig angewandten Beurteilungsverfahren ebenfalls großen Nutzen ziehen. Sie erhalten umfassende Informationen über den Leistungsstand Ihrer direkten Mitarbeiter – und zwar gleichzeitig und unter gleichen Kritierien. Sie können sich damit intensiv mit der individuellen Leistung, den Lücken, den Potenzialen und dem Verhalten Ihrer Mitarbeiter auseinander setzen. Das bedeutet:

> Ein systematisch eingeführtes und ernstgenommenes Beurteilungssystem, das richtig angewandt wird, führt zu einer Unterstützung Ihrer Rolle als Führungskraft und stärkt Ihr Selbstverständnis.

Weiterhin erfaren Sie, wo Probleme in der Organisation, an Schnittstellen oder in der Zuarbeit bestehen. Ein Beurteilungssystem unterstützt Sie auch in der Ermittlung des Weiterbildungs- und Förderbedarfes Ihrer einzelnen Mitarbeiter.

Durch den richtigem und konsequenten Einsatz der Beurteilungen erfahren Sie also eine Stärkung Ihrer Führungsfunktion. Zum einen persönlich, da Sie mit dem Rückhalt eines Gesamtsystems als vorgegebenem Rahmen rechnen können und zum anderen organisatorisch, da Sie viele Informationen komprimiert erhalten, die Sie sonst mit viel mehr Aufwand erfragen und einzeln zusammentragen müssten.

… für Ihre Mitarbeiter

Auch wenn im ersten Moment der ein oder andere Ihrer Mitarbeiter in Bezug auf Beurteilung erst einmal mit Grauen an Schule und Noten denken wird, bringt die Beurteilung auch für Ihre Mitarbeiter viele Vorteile. Deshalb ist es wichtig, das Beurteilungssystem so systematisch und transparent wie möglich zu installieren, damit diese Vorteile Ihren Mitarbeitern auch nachvollziehbar werden und das System nicht im Vorfeld schon unbegründet abgelehnt wird.

Ihr Mitarbeiter erhält in der Beurteilung ein Feedback über seine in der Beurteilungsperiode erbrachte Leistung. Er kann sich

in der Folge besser selbst einschätzen. Dies aber nur, wenn er auch in der Lage ist, Ihrer Argumentation und Begründung seiner Beurteilung zu folgen.
Es ist für Ihren Mitarbeiter also von Nutzen, wenn Sie ihm als Vorgesetzter ein regelmäßiges Feedback geben. Damit ist die Beurteilung für ihn auch kein unberechenbares Risiko, sondern vielmehr eine Bestätigung seiner Selbsteinschätzung und das Ergebnis vieler Rückmeldungen. Er erfährt Förderung durch gezielte Weiterbildung. Das bedeutet Interesse an seiner Person, Wertschätzung seiner Person und Einbindung seiner Person in einen zukunftsorientierten Prozess. Damit werden auch sein Selbstwertgefühl und sein Selbstbewusstsein gefördert. Er erlebt seinen Vorgesetzten als Helfenden zur Erreichung seiner Ziele im Rahmen der unternehmerischen Ziele. Dies trägt zum Dialog, zum besseren Verständnis und zu mehr Vertrauen und Akzeptanz zwischen Vorgesetzten und Mitarbeitern bei.

Wer beurteilt wen?

Mitarbeiterbeurteilung

Unter Mitarbeiterbeurteilung versteht man die Beurteilung der Mitarbeiter durch ihren unmittelbaren, direkten Vorgesetzten. Nur er ist nämlich in der Lage, ein korrektes Bild der Leistung und des Verhaltens des Mitarbeiters an seinem Arbeitsplatz aufzuzeigen.
Ihnen als direktem Vorgesetzten sind die Anforderungen des jeweiligen Arbeitsplatzes und die zu setzenden Prioritäten bekannt. Sie haben die Übersicht über die qualitative und quantitative Leistungserbringung Ihrer Mitarbeiter. Sie legen so Ihrem Mitarbeiter durch Ihre Beurteilung offen, wie Sie seine Leistung einschätzen und welche Entwicklungs- und Fördermaßnahmen in diesem Zusammenhang sinnvoll und wichtig sind.

Vorgesetztenbeurteilung und Mitarbeiterbefragung

Im Rahmen der Vorgesetztenbeurteilung beurteilen umgekehrt die Mitarbeiter ihren direkten Vorgesetzen. Dies wird in Form

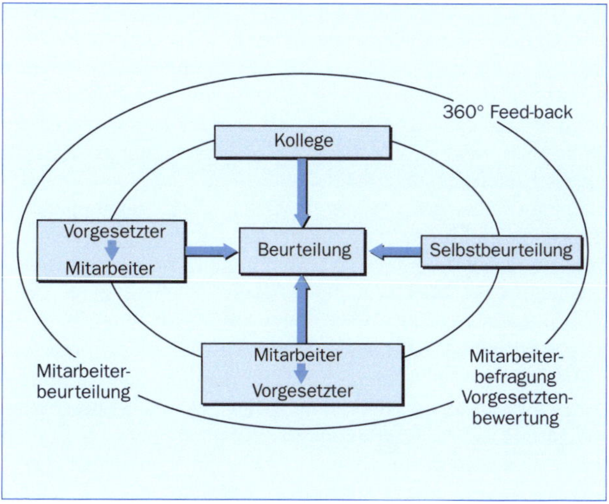

Auf allen Ebenen wird beurteilt

einer schriftlichen Umfrage durchgeführt. In einem unternehmensindividuellen Fragebogen können die Mitarbeiter ihre Führungskraft in Hinblick auf verschiedene Führungskriterien einstufen. In der Regel geht es um Führungskriterien wie Delegationsbereitschaft, Kommunikation, Information, Förderung der Mitarbeiter, Konfliktverhalten, Entscheidungs- und Problemlösungsverhalten, Motivation und Zusammenarbeit. Dem Vorgesetzten wird die Befragung als Gesamtauswertung, also ohne die Angabe, welcher Mitarbeiter welche Beurteilung abgegeben hat, zur Verfügung gestellt.
In der Praxis wird eine Vorgesetztenbeurteilung in der Regel in eine Mitarbeiterbefragung zu verschiedenen Themen integriert. In isolierter Form findet sie wenig Anwendung.
Die Befürworter der Vorgesetztenbeurteilung sehen die Vorteile darin, dass Führungsfehler schneller und frühzeitig bekannt werden. Dies ermöglicht schnelles Handeln. Weiterhin erhält

der Vorgesetzte eine Rückmeldung, ob sein Führungsverhalten von seinen Mitarbeitern angenommen oder abgelehnt wird, und durch konkrete Ansatzpunkte sein Führungsverhalten entsprechend zu korrigieren. Damit ist die Führungskraft auch in der Lage, sich selbst besser einzuschätzen. Die aktive Rolle des Mitarbeiters in der Gestaltung des Führungsverhältnisses ist sicherlich auch ein Pluspunkt.
Dagegen stehen auch Nachteile, die eine Vorgesetztenbeurteilung mit sich bringt. Dies könnte zum einen die fehlende Akzeptanz durch die Führungskräfte und ihre Angst vor Konsequenzen sein. Aber ein viel größerer Nachteil kann darin liegen, dass Mitarbeiter ihre Führungskräfte zu kurzfristig und zu gefühlsbetont einschätzen, indem sie etwa die Aufgabe des Vorgesetzten, die Interessen des Unternehmens zu vertreten als unwichtig einstufen, oder keine tiefer gehenden Zusammenhänge mit in ihre Beurteilungen einfließen lassen. Wenn ein Vorgesetzter im Vorfeld beispielsweise die Aufgabe hatte, verschiedene Abteilungen aufzulösen und sich von einer Anzahl von Mitarbeitern zu trennen, fallen die Ergebnisse der Mitarbeiterbefragung mit Sicherheit schlechter aus als wenn alles seinen gewohnten Gang geht und der Vorgesetzte Zeit für eine Tasse Kaffee, für einen Geburtstag etc. hat.

> Es ist also ganz entscheidend, in welchem zeitlichen und unternehmerischen Umfeld eine Vorgesetztenbeurteilung stattfindet.

Manchmal müssen Führungskräfte auch unpopuläre Entscheidungen fällen und umsetzen, für die ihre Mitarbeiter wenig Verständnis haben. Dies würde erfahrungsgemäß eine Vorgesetztenbeurteilung unter ungünstigen Vorzeichen stattfinden lassen und die Ergebnisse wären wenig aussagekräftig.
Weiterhin ist es wichtig, dass das Unternehmen über eine offene Gesprächskultur verfügt, dass die Beurteiler – also hier die Mitarbeiter – durch Schulung lernen, mit dem Beurteilungssystem umzugehen, dass die abgegebenen Beurteilungen anonymisiert werden und die Vorgesetzten eine entsprechende Rück-

meldung erhalten. Auch sie müssen über Fördermaßnahmen wie Führungstraining oder Coaching Entwicklungsmöglichkeiten erhalten.
Eine Vorgesetzenbeurteilung kommt nur für größere Unternehmen in Betracht, wo jeder Vorgesetzte eine gewisse Anzahl von Mitarbeitern hat, sodass er die Ergebnisse nicht personifizieren kann.

Das 360-Grad-Feedback

Das 360-Grad-Feedback bei Führungskräften beinhaltet die Beurteilung der Führungskräfte von verschiedenen Seiten und Hierachiestufen. Die Beurteilung erfolgt sowohl in horizontaler, als auch in vertikaler Richtung und verbindet aufgrund der Vielschichtigkeit der Anforderungen in Führungspositionen verschiedene Beurteilungen und Meinungen miteinander. So fließen Eindrücke der Vorgesetzten, Kollegen auf Führungsebene und der Mitarbeiter in die Beurteilung mit ein. Meinungen von Kunden oder anderen für die Posititon wesentliche Eindrücke können eingebunden werden.

Kollegenbeurteilung

Wenn Mitarbeiter gleicher Ebene andere Mitarbeiter beurteilen, spricht man von einer Kollegenbeurteilung. Dies wird hauptsächlich in kleineren Arbeitsgruppen und Teams eingesetzt und auch anhand eines standardisierten Fragebogens durchgeführt. Die Beurteilungen werden anschließend gemeinsam in der Gruppe besprochen und ausgewertet.
Die Kollegenbeurteilung ist kein Ersatz für die klassische Mitarbeiterbeurteilung. Ihr Ziel ist mehr, eine gemeinsame Arbeit und Leistung nachträglich zu beurteilen. Durch die ständige Beobachtung kann das Arbeitsklima stark belastet werden. Ebenso kann die Beeinflussung der Beurteilungsergebnisse durch persönliche Beziehungen der einzelnen Gruppenmitglieder nicht verhindert werden. Auch hier ist die Tendenz zu Fehlurteilen sehr hoch. Aus diesem Grund ist die Kollegenbeurteilung nicht sehr verbreitet.

Selbstbeurteilung
Schätzt ein Mitarbeiter sich selbst ein, spricht man von Selbstbeurteilung. Sie entspricht der subjektiven Wahrnehmung des Mitarbeiters und findet in der Praxis bei der Erstellung von Zeugnissen Anwendung. Der Mitarbeiter formuliert sein Zeugnis vor und diese Vorlage dient dem Arbeitgeber als Grundlage für das endgültige Zeugnis. Die Selbstbeurteilung findet sich auch im klassischen Beurteilungsverfahren wieder. So wird der Mitarbeiter im Beurteilungsgespräch aufgefordert, seine eigene Leistung in Bezug auf die verschiedenen Kriterien einzuschätzen. So erfährt der Vorgesetzte die Selbsteinschätzung des Mitarbeiters und kann darauf aufbauend seine eigene Einschätzung und die entstandenen Übereinstimmungen und Diskrepanzen mit dem Mitarbeiter besprechen.
Auch in den Feedback-Gesprächen verschiedener Auswahlverfahren, wie Potenzialanalysen und Assessment-Center, wird der Beteiligte immer zuerst zur Selbsteinschätzung aufgefordert. So kann man Selbst- und Fremdbild aufeinander abstimmen und die Divergenzen klären. Ein weiterer Vorteil ist, dass der Mitarbeiter und der Vorgesetzte sich gleichermaßen auf das Gespräch vorbereiten können.

Formen der Beurteilung

Freie Beurteilung

Bei der freien Beurteilung ist die Auswahl der Beurteilungskriterien und die Festlegung der Ausprägung dem Beurteiler überlassen. Sie erfolgt durch verbale Beschreibung ohne Festlegung und Definition der Beurteilungsmerkmale und ohne Vorgabe der Bewertungs- und Gewichtungsstufen.
Eine Form der freien Beurteilung ist die verbale Beurteilung, wo zwischen Vorgesetztem und Mitarbeiter lediglich ein Beurteilungsgespräch stattfindet, dem keine schriftliche Beurteilung vorausging. Hier ist es sehr wichtig, dass Sie ein solches Gespräch entsprechend vorbereiten und strukturieren, um einen Nutzen aus dieser Form der Beurteilung zu ziehen.

Die andere Form der freien Beurteilung beinhaltet das schriftliche Formulieren der Beurteilung allerdings in einer völlig freien Form. Der Vorteil liegt in der großen Differenzierungsbreite. Vom Beurteiler erfordert sie aber einen erheblichen Formalisierungsaufwand und sie ist in ihrer Aussagekraft weitgehend von den Wertemaßstäben und der sprachlichen Ausdrucksfähigkeit des Vorgesetzten abhängig. Die Ergebnisse unterschiedlicher Vorgesetzter sind nur begrenzt miteinander vergleichbar und schwierig auszuwerten. Eine freie Beurteilung findet in der Praxis Anwendung bei kleinen Gruppen und der Bewertung von Führungskräften.

Halbstandardisierte Beurteilung

Bei dieser Form der Beurteilung werden zwar die einzelnen Merkmale der Beurteilung vorgegeben, jedoch meistens ohne Merkmalsausprägungen und ohne Definition der Beurteilungsstufen. Die Beurteilungsmerkmale dienen daher eher als Anhaltspunkte für die Beschreibung der Leistung. Dieses Verfahren setzt voraus, dass die Führungskräfte ein gleiches Verständnis der einzelnen Merkmale und einen souveränen Umgang mit dem Beurteilungssystem und in der Führung von Beurteilungsgesprächen haben.

Standardisierte/Gebundene Beurteilung

Bei der standardisierten Beurteilung werden zum einen die einzelnen Merkmale vorgegeben, nach denen die Leistungen und das Leistungsverhalten des Mitarbeiters beurteilt werden und andererseits die einzelnen Beurteilungsstufen genau definiert, die die Ausprägungen der einzelnen Kriterien kennzeichnen. Diese Form der Beurteilung hat verschiedene Vorteile. Sie ist wesentlich einfacher zu handhaben als die freie Beurteilung. Die vorgegebenen Merkmale und Stufen lenken den Vorgesetzten. Sie helfen, die Subjektivität der Beurteilung einzuschränken. Sie lenken alle Beurteiler in die gleiche Richtung. Die Anzahl der Beurteilungskriterien ist für alle Vorgesezten gleich. Durch die klare Definition der Beurteilungsmerkmale, die Einheitlichkeit und Vergleichbarkeit schafft sie eine gute Voraussetzung, die Ergebnisse für personalpolitische Entscheidungen zugrunde zu legen.

Die Auswertung der standardisierten Beurteilung ist nicht nur einfacher und zeitsparender, sondern auch aussagekräftiger als andere Verfahren. Deshalb findet dieses Verfahren vor allem in größeren Unternehmen Anwendung.

Von der Zielvereinbarung zum Zielerreichungsgespräch: Hat Ihr Mitarbeiter sein Ziel erreicht?

Im Rahmen der zielorientierten Mitarbeiterbeurteilung stehen die gesetzten Ziele und deren Erreichung im Mittelpunkt. Die Ziele haben Sie anlässlich der Zielvereinbarung (siehe Kap. 3.1) mit Ihrem Mitarbeiter individuell vereinbart. Sie haben die Ziele aus den Unternehmenszielen abgeleitet und im Zielvereinbarungsgespräch gemeinsam besprochen.
Als Synonym für das zielorientierte Beurteilungsgespräch wird in der Praxis auch der Ausdruck Zielerreichungsgespräch verwendet. Es erfolgt turnusmäßig und soll zusammenfassend eine Bewertung über Grad und Maß der Zielerreichung leisten.

Ohne fest definierte Leistungsstandards kann keine Bewertung stattfinden.

Zur Überprüfung der Zielerreichung müssen Leistungsstandards festgeschrieben werden, die eine Einschätzung der Zielerreichung des Mitarbeiters erlauben. Diese haben Sie gemeinsam mit Ihrem Mitarbeiter im Rahmen der Zielvereinbarung festgelegt. Die Bewertung der Zielerreichung vermitteln Sie ihm dann im Zielerreichungsgespräch.

Zwischen Zielvereinbarung und Zielerreichung

Die vereinbarten Ziele dürfen im Tagesgeschäft (d. h. der Phase des gewöhnlichen „Führungsalltages“ zwischen den Gesprächen) nicht in Vergessenheit geraten: Abweichungen und

Beurteilung ist ein kontinuierlicher Prozess

	Zielvereinbarung
Phase 1:	Festlegung von Beurteilungskriterien
Phase 2:	Priorisierung der Beurteilungskriterien entsprechend den Anforderungsprofilen der zu beurteilenden Mitarbeiter
	Führungsalltag
Phase 3:	Beobachten und Beschaffung von Informationen
Phase 4:	Kontinuierliche Bewertung der Daten
	Zielerreichung
Phase 5:	Erstellung der Beurteilung
Phase 6:	Beurteilungsgespräch mit dem Mitarbeiter
Phase 7:	Dokumentation und Archivierung der Beurteilungsergebnisse
	Erneute Zielvereinbarung

Die Phasen des Beurteilungsverfahrens

aktuelle Besonderheiten sollten Sie Ihren Mitarbeitern unverzüglich kommunizieren. Kurze Feedback-Gespräche über den aktuellen Stand der Dinge können regelmäßig stattfinden. Auch zufällige Kontakte können Sie zum Austausch über den Stand der Zielerrreichung nutzen.

Vorteile der zielorientierten Mitarbeiterbeurteilung

- Die Beurteilungen sind aufgaben- nicht personenbezogen.
- Durch eindeutige Ziele und Leistungsstandards gibt es eindeutige Bezugsgrößen.
- Die Leistung des Mitarbeiters kann objektiv eingestuft werden.
- Der Mitarbeiter kennt die Anforderungen.
- Es gibt eindeutige Leistungsmaßstäbe.
- Durch den konkreten und rein inhaltlichen Bezug zum Arbeitsplatz liefert die zielorientierte Mitarbeiterbeurteilung zuverlässige, arbeitsplatzbezogene Informationen.
- Stärken und Schwächen des Mitarbeiters sind erkennbar.
- Die Kommunikation zwischen Vorgesetztem und Mitarbeiter wird durch die regelmäßig stattfindenden Gespräche intensiviert.

Global arbeitende Unternehmen setzen zielorientierte Mitarbeiterbeurteilungen, vor allem bei Führungskräften bereits weltweit ein.

Das Beurteilungsgespräch

Die Konsequenz mit und die Art und Weise in der Sie das Beurteilungsgespräch durchführen, sind wesentliche Voraussetzungen für die Akzeptanz des Beurteilungsverfahrens durch Ihre Mitarbeiter. Das Beurteilungsgespräch ist kein Spontangespräch, d. h. beide Parteien können und sollten sich vorbereiten. Es findet grundsätzlich unter vier Augen statt.
Das Beurteilungsgespräch hat einen formalen Charakter, da es eine Festschreibung sowohl der Leistung Ihres Mitarbeiters ist und in der Personalakte archiviert wird, als auch ein Ausweis der Qualität Ihres Führungsverhaltens und der Ausübung der Führungsfunktion ist.
Das Beurteilungsgespräch ist ein stark hierarchisch geprägtes Mitarbeitergespräch. Ist ein Beurteilungssystem im Unternehmen eingeführt, so ist das Beurteilungsgespräch Pflichtbestandteil des Verfahrens. Im Gespräch steht die Leistung im

Vordergrund und das mit dieser Leistung beobachtete Verhalten. Das Beurteilungsgespräch ist in der Regel ein Mitteilungsgespräch. Das bedeutet, dass Sie Ihre Beurteilung nicht mit Ihrem Mitarbeiter diskutieren, sondern ihm die Gründe und Maßstäbe, die zu Ihrer Beurteilung geführt haben, offen legen und erläutern.

Die Perspektive für Ihren Mitarbeiter ergibt sich aus der Beurteilung. Meinungsverschiedenheiten in diesem Gespräch können bestehen bleiben. Ihr Mitarbeiter muss unterschreiben, dass er die Beurteilung zur Kenntnis nimmt. Dies bedeutet nicht automatisch, dass er mit dem Ergebnis der Beurteilung auch einverstanden ist.

Welche rechtlichen Aspekte müssen Sie beachten?

Grundsätzlich ist der Arbeitgeber frei hinsichtlich der Einführung eines Beurteilungssystems. In vielen Firmen sind diese bereits tarifrechtlich vereinbart. Der Betriebsrat hat gemäß § 94 BetrVG ein Mitbestimmungsrecht bezüglich der Aufstellung allgemeiner Beurteilungsgrundsätze. Der Betriebsrat kann die Einführung allgemeiner Beurteilungsgrundsätze aber nicht vom Arbeitgeber verlangen. Er kann diese auch verhindern, wenn keine inhaltliche Einigung erzielt wird. Daher empfiehlt sich eine frühzeitige Einbeziehung des Betriebsrates bei der Einführung eines Beurteilungssystems. In der Regel werden Arbeitgeber und Betriebsrat die Einführung eines Beurteilungssystems über eine Betriebsvereinbarung regeln. In dieser sind die allgemeinen Beurteilungsgrundsätze und die Vorgehensweise festgelegt.

Ihr Mitarbeiter hat nach § 82 Absatz 2 BetrVG ein Recht darauf, dass ihm die Berechnung und Zusammensetzung seines Arbeitsentgelts erläutert und dass mit ihm die Beurteilungen seiner Leistungen sowie die Möglichkeiten seiner beruflichen Entwicklung im Betrieb erörtert werden. Hierzu kann der Mitarbeiter ein Mitglied des Betriebsrates hinzuziehen. Dies gilt auch für den Fall, dass Ihr Unternehmen kein formales Beurteilungsverfahren hat. Ihr Mitarbeiter hat jederzeit das Recht,

in seine Personalakte Einsicht zu nehmen (§ 83 Abs.1 BetrVG).
Ihr Mitarbeiter hat nach §§ 84 - 86 BetrVG ein Beschwerderecht. So kann er im Beanstandungsverfahren Beschwerde gegen seine Beurteilung einlegen. Die Vorgehensweise wird unternehmensspezifisch in der Betriebsvereinbarung festgelegt.

Potenzialbeurteilung: Was steckt in Ihrem Mitarbeiter?

Zielvereinbarungen und Beurteilungen dienen nicht nur zur Aufrechterhaltung des Leistungserstellungprozesses, sondern sie eröffnen Ihnen und Ihren Mitarbeitern auch Perspektiven. Wie möchten Sie einen Mitarbeiter zukünftig einsetzen? In welche Richtung möchte sich Ihr Mitarbeiter zukünftig entwickeln?
Die Potenzialbeurteilung ist als Ergänzung der Leistungsbeurteilung zu sehen. Sie muss die Fähigkeiten und Kapazitäten eines Mitarbeiters erfassen; diese Bestimmung des Leistungs- und Fähigkeitspotenzials ist nur über eine sachgerechte Personalbeurteilung zu erreichen.

Die Durchführung einer Potenzialbeurteilung von Mitarbeitern ist abhängig von

- dem Wissen, über das Ihre Mitarbeiter verfügen und welches sie für die Erfüllung neuer Aufgaben nutzen können.
- den Fähigkeiten, die sie zur Erfüllung neuer Aufgaben einsetzen können.
- die Übereinstimmung des eigenen Interessenfeldes mit den neuen Aufgabengebieten.

Werden Leistungs- und Potenzialbeurteilung in einem Beurteilungskonzept aus Vereinfachungsgründen zusammengeführt, so sollten Sie sich als Beurteiler die folgenden Beurteilungsfehler immer bewusst machen: Die sehr gute Leistung eines

Mitarbeiters ist nicht notwendig ein Hinweis darauf, dass der Beurteilte auch ein hohes Potenzial hat. Umgekehrt kann ein hohes Potenzial vorhanden sein, ohne dass die Leistung sehr hoch ist. Dies könnte ein Hinweis auf eine Fehlbesetzung sein.

Durch welche Brille sehen Sie Ihr Mitarbeiterpotenzial?

Nach wie vor sind viele Führungskräfte der Meinung, dass sie die Potenziale ihrer Mitarbeiter selber am besten beurteilen können, da sie diese ja schließlich „kennen" und jeden Tag mit ihnen zusammen arbeiten. Der Blick des direkten Vorgesetzten auf seine Mitarbeiter muss aber nicht objektiv sein. Beispielsweise werden Querdenker eher als Störenfriede und weniger als Potenzialträger gesehen. Führungskräfte neigen auch dazu, Ihre Mitarbeiter lediglich auf die Potenziale hin, die sich im eigenen Bereich verwenden lassen, zu beobachten und weniger im Sinne von zukunftsorientierter Personalentwicklung für das Unternehmen als Ganzes. Zudem nagt an manchem Vorgesetzten auch der Zweifel, dass er, wenn er seinem Mitarbeiter Potenzial für eine Führungsposition bescheinigt, vielleicht am eigenen Ast sägt. Und wer tut das schon gerne?

Insofern ist es notwendig, dass die Potenzialbeurteilung

- mit Neutralität und Sachlichkeit durchgeführt wird, z.B. unter Mitwirkung externer Berater und Moderatoren.
- bereichsübergreifend die Interessen des Unternehmens als Ganzes in den Vordergrund stellt.
- als Verfahren von allen Beteiligten akzeptiert und als Chance betrachtet wird und nicht als Personalkarussell.
- im Rahmen eines einheitlichen Verfahrens durchgeführt wird.

Egal welches Verfahren Ihr Unternehmen zur Potenzialbeurteilung, Einschätzung und Erfassung einsetzt, müssen Sie sich im Klaren darüber sein, dass jedes menschliche Verhalten immer einen unberechenbaren Aspekt beinhaltet und damit die Erkenntnisse einer Potenzialbeurteilung nur eine Prognose

sein können. Die Sicherheit, mit der das vorhergesagte Verhalten eintritt, nimmt allerdings in der Regel zu, je mehr Informationen zur Verfügung stehen und je öfter bestimmte Merkmale in der Vergangenheit beobachtet wurden.
Die Zielsetzung in der Potenzialanalyse bestimmt letztendlich, welches Verfahren zum Einsatz kommt. Für die Erfassung der Potenziale für Führungs- und Managementaufgaben werden andere Methoden eingesetzt als für die Erfassung der Mitarbeiterpotenziale auf allen Ebenen.
Die gängigen Verfahren der Potenzialanalyse auf allen Hierachieebenen sind die Selbst- und Fremdeinschätzung.

Und die Potenziale für Führungspositonen ... ?

Verfahren der Potenzialanalyse für Führungfunktionen sind:

- Assessment-Center /Potenzial-AC's
- Management-Audits

im Rahmen der entsprechend unternehmensindividuellen Vorgehensweise.

Verfahren zum Abgleich und zur Kontrolle der Potenzialeinschätzungen sind:

- Mitarbeitergespräche
- Potenzialrunden, Integrationsrunden oder Personalrunden.

Ein weiteres gängiges Verfahren, welches kostengünstiger und weniger zeitaufwändig ist, ist das 360 Grad Feedback für Führungskräfte zur Beurteilung und Potenzialeinschätzung, wenn Beurteilung und Potenzialeinschätzung zusammengefasst sind.

Für Ihr Unternehmen stellt eine zukunftsorientierte Potenzialanalyse eine echte Herausforderung dar. Ihr Unternehmen muss in diesem Zusammenhang verschiedene Fragestellungen klären:

- Welche Mitarbeiter sind in einem besonderen Maße geeignet, in Zukunft bestimmte Schlüsselfunktionen im Unternehmen zu übernehmen?

- Welche Mitarbeiter werden mit welchen Qualifikationen in Zukunft wo benötigt?
- Wo sind die Leistungsträger, die sich eignen, Positionen mit Verantwortung und Führung zu übernehmen?
- Wie können die Mitarbeiter im Zuge von Umstrukturierungen unter Berücksichtigung ihrer Fähigkeiten adäquat neu eingesetzt werden?
- Gibt es verschiedene Tätigkeitsbereiche, die sich ausgliedern lassen und wo die Mitarbeiter sich viel besser entfalten können, beispielsweise im Rahmen von Telearbeit?

Lässt sich prüfen, ob Mitarbeiter die in sie gesetzten Erwartungen auch einlösen können?

Im Rahmen der Einschätzung des Potenzials sollte darauf geachtet werden, dass die Umsetzung auch eine realistische Chance hat. So ist der bisherige Lebensweg des Mitarbeiters, die verbleibende Spanne seines Berufslebens, seine eigene Einschätzung und Akzeptanz auch über den eigenen Bereich hinaus sowie die Verfügbarkeit entsprechender Positionen zu berücksichtigen. Die kritische Überprüfung soll Glaubwürdigkeit und Vergleichbarkeit der Potenzialeinschätzungen verbessern.

Potenzialbeurteilungen sind nicht für die Schublade

Sie informieren Ihren Mitarbeiter entweder durch ein entsprechendes Rückmeldegespräch oder im nächsten Mitarbeiter(jahres)-orientierungsgespräch über seine Potenzialeinschätzung.

Diese Transparenz gegenüber dem Mitarbeiter ermöglicht ihm

- sein berufliches Weiterkommen aktiv mitzugestalten,
- zu wissen, dass seine Fähigkeiten in Ihrem Unternehmen nützen und erkannt worden sind,
- zu entscheiden, welche Prioritäten er in Zukunft setzen möchte,
- Förderungs- und Qualifizierungsmaßnahmen gemeinsam mit Ihnen zu erörtern und zu vereinbaren.

Personalauswahl und Beurteilung von Mitarbeitern für eine neue Stelle

Die Suche nach den geeigneten Personen, um adäquat die entsprechenden Stellen zu besetzen, sollte nach Möglichkeit im eigenen Unternehmen beginnen (interne Besetzung von Stellen, interne Stellenausschreibungen). Erst wenn keine geeigneten Personen im Unternehmen ausgemacht wurden, sollten externe Bewerber mit in die Auswahl einbezogen werden (externe Besetzung von Stellen, externe Stellenausschreibungen). Insbesondere die Besetzung von Führungspositionen wird von Unternehmen bevorzugt intern gelöst. Dies setzt aber voraus, dass die Unternehmen innerhalb der einzelnen Hierarchiestufen intensive Aus- und Weiterbildung betreiben, um frei werdende Positionen qualitativ hochwertig aus den eigenen Reihen besetzen zu können.

Gründe, die für eine interne Besetzung von Stellen sprechen:

- Positive Auswirkung auf das Betriebsklima insgesamt
- Motivierender Effekt für alle Nachwuchskräfte, dass man „weiterkommt."
- Erfahrung und Insiderwissen der Mitarbeiter aufgrund der Unternehmenszugehörigkeit und der internen Aus- und Weiterbildung.
- Geringere Beschaffungskosten.
- Kürzere Einarbeitungszeiten und -kosten.
- Verringerung der Gefahr, dass der neue Mitarbeiter seine Vorstellungen im Unternehmen nicht einlösen kann („*Das habe ich mir ganz anders vorgestellt*").
- Verringerung der Gefahr der Fehlbesetzung insgesamt.
- Weniger Konflikte und Missverständnisse z.B. über Anforderungen, Vorstellungen etc.

Gründe gegen eine interne Besetzung von Stellen:

- Erhöhte Gefahr der Rivalität unter den Bewerbern.
- Die mit der Sicherheit automatisch weiterbefördert zu werden verbundene Trägheit.

- Zu geringe Auswahl.
- Kein „frisches Blut“ und keine neuen Impulse.
- Nur eingeschränkte Erfahrungen über mögliche andere Arbeits- und Führungsmöglichkeiten (z.B. aus anderen Unternehmen).

Ein Unternehmen kann auf Dauer seinen Personalbestand nicht nur aus eigenen Mitarbeitern sichern. Dies würde zu Betriebsblindheit und Isolierung des Unternehmens führen.
Der Personalbedarf kann auf Dauer nur über interne und externe Personalbeschaffung gedeckt werden. Allerdings liegt das Risiko bei der externen Personalbeschaffung höher, da die Leistung des Bewerbes nicht im Voraus im Detail erkenn- und einschätzbar ist. Um dieser Gefahr Rechnung zu tragen, werden in der Praxis mehrstufige Auswahlverfahren eingesetzt. Diese werden aber vermehrt auch für interne Auswahlprozesse eingesetzt.
Auch öffentliche Ausschreibungen richten sich an interne und externe Bewerber, um das externe Bewerberangebot mit betriebseigenem Potenzial zu vergleichen. Wird ein interner Bewerber ausgewählt und in die neue Stelle „berufen“, so ist dessen Position besonders stark und gefestigt.

Warum Sie neue Mitarbeiter systematisch auswählen sollten

Unter Personalauswahl versteht man im Allgemeinen ein institutionalisiertes Verfahren zur Auswahl der für die Anforderungen der neuen Stelle qualitativ am besten geeignetsten Mitarbeiter. Die verschiedenen Verfahren haben alle die gleichen Zielsetzungen. Sie leisten einen Beitrag, die Bewerber in ihrer Gesamtheit als Persönlichkeit für das Unternehmen transparenter und greifbarer zu machen und damit die Gefahr einer Fehlbesetzung und hoher personaler Fehlinvestionen zu vermeiden. Sie können einzeln oder in verschiedenen Kombinationen angewandt werden.

Das heißt, es geht bei der Personalauswahl im Wesentlichen darum, einen fachlich geeigneten und zur Corporate Identity Ihres Unternehmens passenden Mitarbeiter zu finden. Dies stellt kein Werturteil dar, aber erklärt, warum interne Stellenausschreibungen weniger risikoreich sind und noch andere Vorteile haben. Diese Mitarbeiter haben sich nämlich bereits in der Vergangenheit als „passend" zum Unternehmen erwiesen.

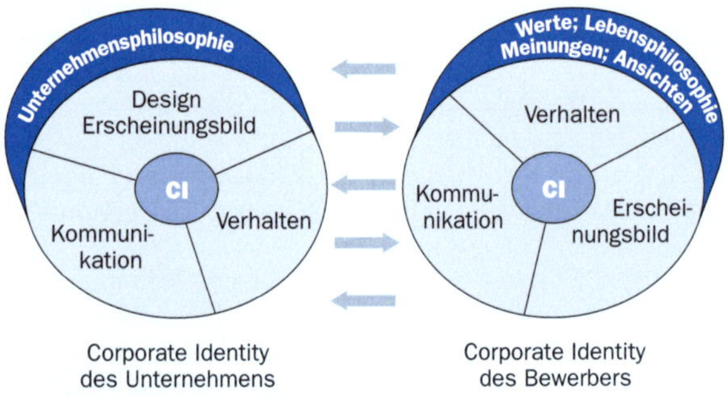

Welcher Bewerber passt zu Ihrem Unternehmen?

Entsprechend der Corporate Identity des Unternehmens und damit in Folge den festgeschriebenen Werten der Unternehmenskultur des Unternehmen ergibt sich der Rahmen, in welchen die Bewerber passen müssen. Die Bewerber sollten sich in den gelebten Werten wiederfinden können. Dies ist die Grundlage dafür, dass sich der Bewerber später im Unternehmen wohl fühlt.

Der Bewerber verfügt auch über eine persönliche „Corporate Identity", die sich in seinem äußeren Erscheinungsbild, seiner Selbstdarstellung, seiner Kommunikation und in seinem Verhalten widerspiegelt. Auch er hat eine „Lebensphilosophie" bzw. Werte, die er wichtig findet oder ablehnt – Meinungen, Einstellungen und Erfahrungen, die seine gesamte Persönlichkeit abrunden.

Im Auswahlverfahren geht es darum, den zur bestehenden Corporate Identity des Unternehmens und zu den in der Stellenbeschreibung definierten Aufgaben passenden Bewerber zu finden.

Deswegen werden in den verschiedenen Auswahlverfahren Teilbereiche der Corporate Identity des Bewerbers im Hinblick auf die Stellenanforderung erfasst, vergleichend betrachtet und der Bestgeeignetste ausgewählt. Nur ein auf dieser Basis zustande gekommenes Arbeitsverhältnis wird auf Dauer zufriedenstellend für beide Seiten verlaufen.

Die systematische Personalauswahl läuft in mehreren Prozessschritten ab:

Phase 1:	Anforderungen an den Bewerber definieren
Phase 2:	Grobselektion durchführen
Phase 3:	Personalauswahl aufgrund des Verhaltens Einsatz von Personalauswahlverfahren
Phase 4:	Auswahlgespräche vorbereiten
Phase 5:	Auswahlgespräch durchführen (Informationen sammeln)
Phase 6:	Auswahlgespräch nachbereiten und Auswahlentscheidung treffen (gesammelte Informationen auswerten)

Prozess der systematischen Personalauswahl

Schritt 1: Was soll der Bewerber sein und können?

Die Stellenbeschreibung bildet die Grundlage für das gesamte Einstellungsverfahren. Aus ihr ergibt sich dann ein entsprechendes Anforderungsprofil sowie eine Tätigkeitsbeschreibung, die wiederum Grundlage für die Formulierung von Ausschreibung und Stellenanzeige sein sollte. Als Pendant aufseiten der Bewerber wird im Auswahlverfahren ein Eignungsprofil der jeweiligen Bewerber erarbeitet und dieses bildet die Grundlage für die Entscheidung zugunsten eines Bewerbers.

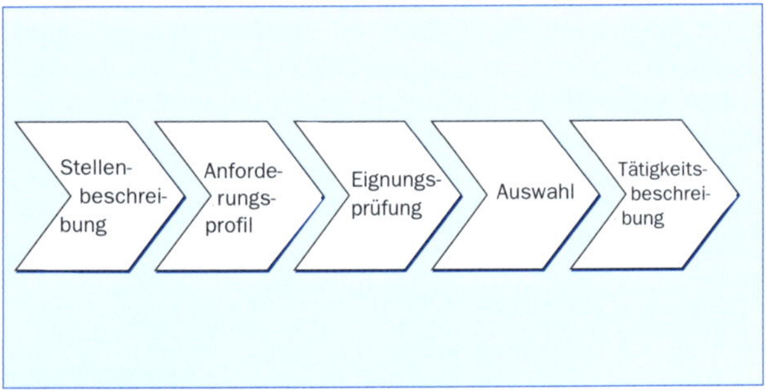

Von der Stellenausschreibung bis zur Einstellung

Schritt 2: Wer kommt prinzipiell in Frage? – Grobselektion durchführen

Je differenzierter die Grobselektion vorgenommen wird, umso effizienter werden die nachfolgenden Auswahlverfahren verlaufen.

Für die Grobselektion stehen zur Verfügung:

- die Bewerbungsunterlagen
- der telefonische Erstkontakt

Anhand von Bewertungsbögen für den telefonischen Erstkontakt bzw. die Bewerbungsunterlagen kann eine Grobselektion durchgeführt werden. Es muss aber jedesmal überprüft werden, ob bestimmte K.O.-Kriterien vorliegen bzw. Muss-Kriterien fehlen.

Schritt 3: Wer kommt in die letzte Runde? – Feinselektion aufgrund des Verhaltens

Hinsichtlich der fachlichen Qualifikation können Sie eine Bewerberauswahl noch relativ objektiv vornehmen. Schwierig dagegen werden Aussagen über das Verhalten und die Persönlichkeit Ihres potenziellen Kandidaten. Dies liegt zum einen an der relativen Zeitknappheit im Auswahlprozess und zum anderen an der Komplexität der späteren Aufgaben, die sich im Rahmen des Auswahlprozesses nur sehr schwer abbilden lassen, um damit eine halbwegs sichere Aussage über das wahrscheinliche Verhalten des Bewerbers auf der späteren Position machen zu können.
In der Praxis werden diverse Testverfahren angewandt und persönliche Gespräche geführt, um in dem knappen Zeitumfang, der in der Regel zur Besetzung einer Stelle zur Verfügung steht, möglichst zutreffende Eindrücke über Verhalten und Persönlichkeit des Kandidaten zu erhalten.

Schritt 4: Auswahlgespräche vorbereiten

- Laden Sie den Bewerber schriftlich ein – spätestens 14 Tage vor dem Termin (Information bzgl. Anfahrt und Reisekostenerstattung nicht vergessen) und erbitten Sie eine telefonische Terminbestätigung.
- Reservieren Sie einen geeigneten Raum und sorgen Sie für eine angenehme und ungestörte Gesprächsatmosphäre. Stellen Sie Getränke bereit und wählen Sie die Sitzordnung so, dass Sie die Körpersprache des Bewerbers beobachten können.
- Führen Sie das Gespräch möglichst (mindestens) zu zweit, (z. B. Personalverantwortlicher und späterer Vorgesetzter) die Auswahlentscheidung wird dadurch sicherer und leichter. Möglich ist auch eine Aufgabentrennung (einer führt das Gespräch, einer beobachtet und protokolliert). In sog. „Stressinterviews" bezüglich Positionen, in denen es auf Kommunikationsstärke ankommt, finden sich häufig verteilte Rollen als „weicher" und „harter" Gesprächspartner.

- Planen Sie für das Gespräch genügend Zeit ein (auch für Vorbereitung, Nachbereitung und Besprechung mit Ihrem Kollegen).
- Führen Sie die Vorstellungsgespräche innerhalb eines möglichst kurzen Zeitraums (ca. 1 Woche), um die Bewerber besser vergleichen und objektiv beurteilen zu können.
- Legen Sie die Unterlagen für das Gespräch bereit:
  - Bewerbungsunterlagen
  - Stellenbeschreibung/Anzeige
  - Anforderungsprofil
  - Checklisten
  - Unternehmensdarstellung
  - Formulare zur Reisekostenabrechnung
- Stellen Sie die Informationen zusammen, die für den Bewerber relevant sind.
- Erstellen Sie einen Interviewleitfaden, damit Sie auch alle wesentlichen Themenbereiche ansprechen. Der Leitfaden ist Grundlage eines strukturierten Auswahlgespräches.

Schritt 5: Auswahlgespräche führen

Ziel des Auswahlgespräches ist es herauszufinden, ob der Bewerber die von Ihnen in der Anforderungsanalyse erhobenen Merkmale erfüllt. In einem „normalen“ Gespräch können Sie sicher einige der Anforderungsmerkmale herausfinden.

Mehr Informationsgewinn und eine relativ hohe Gültigkeit der ermittelten Ergebnisse erhalten Sie dagegen durch ein strukturiertes Interview. Alle Bewerber werden mit den gleichen Fragen konfrontiert. Dadurch wird die Vergleichbarkeit der Bewerber erhöht und die Gefahr der Ungleichbehandlung verringert. Die Gesprächsauswertung wird systematisiert und vereinfacht.

Um die Übereinstimmung des Bewerbers mit der Philosophie Ihres Unternehmen und die Eignung für die zu besetzende Position noch besser feststellen zu können, können Sie Elemente des situativen Interviews in das Gespräch einbringen. Durch konkrete, auf den späteren Berufsalltag bezogene Fragen gilt es, eine möglichst große Ähnlichkeit zwischen der Beurteilungssituation (dem Auswahlgespräch) und der späteren Bewährungssituation (den beruflichen Aufgaben) herbeizuführen.

Und so gehen Sie im Rahmen des situativen Interviews vor:
Sie stellen dem Bewerber eine der in der Anforderungsanalyse erarbeiteten „kritischen Situation" vor. In diese soll er sich hineinversetzen und erklären, wie er sich verhalten und mit dieser Situation umgehen würde. Auf diese Weise können Sie sich ein Bild von den möglichen Reaktionen Ihres Bewerbers machen und vergleichen, ob diese den Reaktionen des „gut geeigneten" bzw. „schlecht geeigneten" Mitarbeiters entsprechen.

Der Ablauf des strukturierten Personalauswahlinterviews
Das strukturierte Interview ist die gängigste Methode des Personalauswahlgespräches. Es beinhaltet einen Fragenkatalog, der für alle Kandidaten gleich ist.

Phase 1: Begrüßung und gegenseitige Vorstellung
Phase 2: Fragen zum Unternehmen (Rückschlüsse auf die Gesprächsvorbereitung des Bewerbers)
Phase 3: Die persönliche Situation des Bewerbers (Werdegang)
Phase 4: Letzte Position und Wünsche bezüglich der neuen Position
Phase 5: Persönliche Eigenschaften des Bewerbers
Phase 6: Arbeitsverhalten des Bewerbers
Phase 7: Umgang des Bewerbers mit Kollegen und Vorgesetzten
Phase 8: Leistungsbereitschaft des Bewerbers
Phase 9: Arbeitszeit, Gehalt und Sonstiges
Phase 10: Spezielle Fragen für Bewerber
a) auf eine Führungsposition
b) auf eine Vertriebsposition
Phase 11: Informationen über Unternehmen, Aufgabe und Position, vertragliche Bedingungen
Phase 12: Gesprächsabschluss

Tipps für das Personalauswahlgespräch:

- Vermeiden Sie es, im Auswahlgespräch zuerst Ihre Firma und die zu besetzende Position darzustellen und erst danach den Bewerber von sich selbst erzählen zu lassen. Der Bewerber kann sonst seine eigenen Informationen an das, was er von Ihnen über das Unternehmen gehört hat, anpassen und sich nach Anforderungslage präsentieren.
- Beginnen Sie das Gespräch mit einer Kontaktphase, in der Sie und Ihre Kollegen sich kurz vorstellen. Direkt im Anschluss sollte der Kandidat sich vorstellen und seinen Werdegang ausführlich darstellen. Erst, wenn Sie alle wesentlichen Informationen über den Bewerber erhalten haben, stellen Sie die Firma und die Position vor.
- Stellen Sie Fragen und bitten Sie um Erläuterungen.
- Wiederholen Sie mit Ihren eigenen Worten die Aussagen des Bewerbers. Diese Methode der „Spiegelung" wird eingesetzt, um einen Eindruck zu bestätigen oder den Gesprächspartner unaufgefordert zu veranlassen, das Thema weiter zu vertiefen.
- Wenn der Bewerber eine Frage beantwortet hat, reagieren Sie nicht mit einer neuen Frage, sondern legen Sie eine Pause ein. Dies signalisiert, dass der Bewerber seine Antwort noch weiter erläutern sollte. Auch dies ist ein Mittel, das Thema zu vertiefen.
- Wenn eine offene Frage noch nicht hinreichend geklärt ist, sollten Sie den Bewerber um eine weitere Erläuterung bitten.

Schritt 6: Auswahlgespräch nachbereiten und Auswahlentscheidung treffen

Nach dem Gespräch geht es darum, Ihre Eindrücke festzuhalten und auszuwerten.

- Notieren Sie Ihre persönlichen Eindrücke direkt und unmittelbar nach dem Gespräch, sonst laufen Sie Gefahr, dass sich Eindrücke verzerren oder Sie maßgebliche Details vergessen.

- Besprechen und vergleichen Sie Ihre Eindrücke mit dem Kollegen, der mit Ihnen gemeinsam das Gespräch geführt hat.
- Der Interviewleitfaden, in dem Sie bereits während des Gesprächs die Informationen des Bewerbers festgehalten haben, ist ein wesentliches Instrument für die Auswahlentscheidung.
- Entscheiden Sie: Lohnt sich die detaillierte Entscheidungsfindung mit einer Analyse der einzelnen Bewerbereigenschaften oder fällt der Bewerber bereits jetzt aus der Auswahl?

So entscheiden Sie sich für Ihren neuen Mitarbeiter

Als Quellen für die Auswahlentscheidung stehen Ihnen jetzt zur Verfügung:

- Telefonischer Erstkontakt mit Bewertungsbogen
- Bewerbungsunterlagen mit Bewertungsbogen
- Bewerbungsgespräch mit Ergebnissen bzw. Auswertungen
- Ihr persönlicher Eindruck

Im Rahmen der Auswertungs- und Entscheidungsfindung sollten Sie systematisch vorgehen:

- Tragen Sie noch einmal Ihre Anforderungen und die Informationen aus den Bewertungsbögen zusammen.
- Betrachten Sie jetzt Ihre Eintragungen zu den positiven und negativen Eigenschaften des Bewerbers zum Anforderungsprofil und entscheiden Sie sich für eine Bewertung. Gehen Sie so jede einzelne Anforderung durch.

Am Ende haben Sie dann ein Bewerberprofil, das die Bewerber vergleichbar macht und Ihnen die Entscheidung ermöglicht, welcher Bewerber am besten zum Unternehmen und der Position passt.

Mitteilung der Ergebnisse an den Kandidaten

Der letzte Schritt des Personalauswahlverfahrens ist es, dem Kandidaten das Ergebnis mitzuteilen. Die Mitteilung erfolgt schriftlich. Ein persönliches Feedback-Gespräch wäre optimal, ist aber nicht überall vorgesehen und möglich. Die Bewerbungsunterlagen werden an den Kandidaten zurückgesandt. Der Umgang des Unternehmens mit Bewerbungen und Kandidaten ist wichtig für das positive Image Ihres Unternehmens. Drückt sich im Umgang mit Bewerbern doch aus, wie die Mitarbeiter behandelt werden.

Mitarbeiterbeurteilung: Stellschraube zwischen erbrachter Leistung und sinnvoll zu planender Zukunftssicherung

Die Veränderungsgeschwindigkeit in der Wirtschafts- und Arbeitswelt nimmt ständig zu. Die Beurteilung der erbrachten Leistungen Ihrer Mitarbeiter und die Beurteilung neuer Mitarbeiter ist Grundlage für die sinnvolle Planung der neu zu erbringenden Leistungen im Rahmen der individuellen Weiterentwicklung und des Unternehmenserfolges. Sie sichert den Erfolg Ihrer Mitarbeiter (und damit auch Ihren eigenen) und so die Zukunft Ihres Unternehmens.

Die Bewertung von Mitarbeitern ist daher elementare Führungsaufgabe und Herausforderung in vielerlei Hinsicht. Kommunikative und Persönlichkeitskompetenz sind hier ebenso gefragt wie Fach- und Methodenkompetenz.

3.4 Entwicklung und Förderung Ihrer Mitarbeiter

Erhalten und fördern Sie die Motivation neuer Mitarbeiter

Die Einführung und Integration neuer Mitarbeiter ist eine bedeutende Führungsaufgabe, da neue Mitarbeiter in der Regel ein hohes Maß an Motivation mitbringen, mit Regeln, Normen und Erwartungen des neuen Arbeitsplatzes aber noch nicht vertraut sind. Wenn Sie also gewissermaßen einfach „ins kalte Wasser geschmissen werden“, machen sie in der Regel Fehler, die eigentlich nicht passieren müssten. Dies lässt die Motivation schwinden und teilweise in Frustration umschlagen. Die Folgen gehen zulasten Ihres Unternehmens und könnten durch eine systematisch geplante Einarbeitung neuer Mitarbeiter ohne größeren Aufwand vermieden werden.

Eine gute Einarbeitung bedeutet, dass Ihr neuer Mitarbeiter nach einer bestimmten Zeit, in der Regel ca. 3 bis 6 Monate

- weiß, was er an Aufgaben zu erledigen hat,
- weiß, wie er dies in welcher Qualität umzusetzen hat,
- in das neue Arbeitsfeld und Team integriert ist,
- und eine Bindung (Identifikation und Loyalität) zum Unternehmen entwickelt hat.

Die Betreuung von neuen Mitarbeitern in der ersten Zeit erfordert Geduld und Sensibilität. Versetzten Sie sich in die Situation Ihres neuen Mitarbeiters. Alles ist neu, von der Klingel, dem Aufzug, der Kantine bis zum Telefon. Lauter neue Menschen, neue Namen, neue Wege.
Sie müssen dafür sorgen, dass Ihr neuer Mitarbeiter sich orientieren kann und Orientierung erhält, entweder von Ihnen oder einer Person Ihres Vertrauens. Schritt für Schritt muss er sich die neue Umgebung, die neuen Regeln und die neuen Kollegen und das neue Arbeiten und Wissen erschließen. Dazu gehört auch, dass Sie dem neuen Mitarbeiter Grenzen aufzeigen und die Erwartungen vonseiten des Unternehmens klar vor Augen führen.
Achten Sie darauf, dem Mitarbeiter nicht alle Informationen auf einmal zu geben, sondern verteilen Sie diese auf die ersten Tage. So ist es Ihnen möglich, auch mehrere Gespräche mit Ihrem neuen Mitarbeiter zu führen und somit erste Eindrücke von ihm zu erfahren, Fragen zu beantworten und Informationslücken zu füllen. Erste auftauchende Probleme oder Fehlein-

schätzungen können Ihrerseits korrigiert werden. Zudem haben Sie die Möglichkeit, ihm immer wieder Mut zuzusprechen, ihn zu motivieren und ihn zu ermuntern. So werden seine Unsicherheiten langsam abgebaut.
Unterstreichen Sie Ihr Ansinnen mit möglichst konkreten Arbeitsaufträgen, die nicht zu schwierig aber auch nicht zu leicht sind. Im nächsten Gespräch können Sie damit schon ein Feedback geben und die Leistungen des neuen Mitarbeiters lenken, steuern oder auch korrigieren, wenn sie in die falsche Richtung sich entwickeln. So können Sie auch Ihre Anerkennung bei guten Leistungen ausdrücken und damit den neuen Mitarbeiter in der kritischen Anfangszeit motivieren und leistungsmäßig stabilisieren.
Natürlich sollte das Feedback auch weiterhin regelmäßig nach der Einarbeitungszeit erfolgen und nicht abflachen. Jedoch werden die Gestaltungsspielräume des Mitarbeiters im Laufe der Zeit größer, während Sie ihm in der Anfangszeit öfter mal auf die Finger gucken sollten. Diese Rückmeldungen sind für Ihren Mitarbeiter unglaublich wichtig. Nur so lernt er Prioritäten und Grenzen kennen, sowie seine Fehler (die jeder macht) zu korrigieren und sich in die vom Unternehmen gewünschte Richtung zu bewegen.
Erweitern Sie langsam die Gestaltungs- und Verantwortungsspielräume des neuen Mitarbeiters (s. auch Kapitel 3.2 „Loslassen"), aber halten Sie nach wie vor engen Kontakt zu ihm.
Am Ende der Einarbeitungsphase sollte ein Abschlussgespräch stehen, welches dem Mitarbeiter klar macht, dass seine Einarbeitungsphase zu Ende ist und damit seine Integration in das Team und Unternehmen als abgeschlossen gilt. In der Regel fällt das Abschlussgespräch mit dem Ende der Probezeit zusammen bzw. ist so rechtzeitig zu führen, dass eine Trennung vom Mitarbeiter zum Ende der Probezeit erfolgen kann. Das Gespräch und sein Inhalt ist für den Mitarbeiter vorhersehbar, wenn Sie ihm regelmäßige Rückmeldungen innerhalb der Einarbeitungszeit gegeben haben. Nutzen Sie dieses Gespräch auch, um seine Zufriedenheit in Hinblick auf die Unterstützung

durch Sie und das Team zu erfragen sowie die weiteren Qualifikationsschritte zu erläutern und ihn damit in den laufenden Führungsprozess zu integrieren.

So entwickeln und führen Sie Teams

Viele Aufgaben im Unternehmen erfordern ein koordiniertes Miteinander von mehreren Mitarbeitern, die nicht immer in einer organisatorischen Einheit zusammenarbeiten. Teamarbeit bedeutet im Idealfall, die Stärken der einzelnen Teammitglieder zu erkennen und in Hinblick auf das gemeinsame Ziel füreinander nutzbar zu machen. Die meisten Unternehmen sind der Ansicht, dass in ihrem Betrieb konstruktive Teamarbeit geleistet wird. Interessanterweise teilen die Mitarbeiter diese Ansicht nur teilweise.

Der Wunsch, interdisziplinäre Problemlösungen im Team zu entwickeln, bleibt in vielen Unternehmen im Ansatz stecken. Mangelnde Vorbereitung der Mitarbeiter, ungeeignete Rahmenbedingungen, Zeitdruck und fehlende Unterstützung vonseiten der Leitung sind nur einige Ursachen, die Teamarbeit scheitern lassen.

Häufig bleibt den Teams – bedingt durch eine begrenzte Dauer der Zusammenarbeit – nur eine kurze Zeit „sich zusammenzuraufen" und Wege eines konstruktiven Miteinanders zu finden. Diese Zeitspanne wird in Zukunft wegen des wachsenden Veränderungsdrucks immer kürzer werden. Gemeinsam zu planen, zielorientiert zu handeln, ohne die Individualität des Einzelnen in Frage zu stellen und Veränderungen als natürlichen Bestandteil des Teamprozesses anzunehmen, ist ein Lernprozess, den jede Gruppe erst einmal durchlaufen muss. Damit der Teamentwicklungsprozess nicht „aus dem Ruder" läuft, muss er sensibel gesteuert und gelenkt werden. Diese Aufgabe stellt insbesondere den Teamleiter vor vielfältige Aufgaben.

Für Ihr Unternehmen kann Teamarbeit ein Instrument zur Lösung komplexer Aufgaben sein. Mitdenken, zuständig sein und sich gemeinsam um die Lösung der Aufgaben bemühen: So trägt der Einzelne zu seinem persönlichen Erfolg, dem der Kollegen und letztendlich dem des Unternehmens bei.

In der Praxis wird die Bezeichnung Teamleiter/Teamführer für den unmittelbaren Vorgesetzten der Teammitglieder verwendet. Er hat Leitungsbefugnis und ist mit allen Instrumenten der Mitarbeiterführung verantwortlich betraut. Er führt als Teamleiter Orientierungsgespräche und nimmt Beurteilungen vor. Erfahrungsgemäß ist der Teamleiter nicht notwendig mit dem Teamführer gleichzusetzen, der sich aus dem gruppendynamischen Prozess herausbildet.

> Formelle und informelle Führung stimmen nicht immer überein, wirken sich aber bei Differenzen auf die Akzeptanz der formellen Führung durch das Team negativ aus.

Haben Sie also als Temleiter unbedingt ein Auge auf alle informellen Prozesse in Ihrer Gruppe!

Tipps für die Teamführung

- Wählen Sie die geeigneten Teammitglieder aus (fachliche Qualifikation allein ist im Teamprozess nicht unbedingt ausschlaggebend).
- Stellen Sie eine Teamsatzung auf.
- Legen Sie „Spielregeln“ fest.
- Setzen Sie Ziele und messen Sie die Ergebnisse.
- Klären Sie die Rollen und Verantwortungsbereiche der Teammitglieder.
- Planen Sie Ihre Aktionen.
- Bauen Sie eine positive Atmosphäre für die Teamarbeit auf.
- Entwickeln und pflegen Sie die Kommunikation im Team.
- Treffen Sie Gruppenentscheidungen.
- Halten Sie effektive Besprechungen ab.
- Definieren Sie die Rolle und die Verantwortungsbereiche des Teamleiters, bzw. Ihre eigene Rolle und Ihren Verantwortungsbereich.
- Lösen Sie Teamprobleme.

- Handhaben Sie Teamkonflikte einvernehmlich.
- Stellen Sie die Teamleistungen heraus.

Die Förderung Ihrer Mitarbeiter

Wenn Unternehmen nicht auf motivierte Mitarbeiter zählen können, deren Kompetenzen möglichst auf aktuellem Stand sind, geraten sie mittel- und langfristig in Schweirigkeiten. Die Förderung Ihrer Mitarbeiter im Sinne des Unternehmens ist daher eine maßgebende Führungsaufgabe. Als Vorgesetzter sind Sie für die Förderung Ihrer Mitarbeiter verantwortlich. Jedoch werden von den Mitarbeitern Eigeninitative, Motivation und Offenheit erwartet.

> Die Förderung Ihrer Mitarbeiter ist grundsätzlich am Bedarf Ihres Unternehmens orientiert, sollte aber individuell so weit wie möglich die persönlichen und fachlichen Neigungen Ihrer Mitarbeiter berücksichtigen.

Neben der laufenden Aufgabe, neue Mitarbeiter einzuarbeiten und das Leistungsniveau der vorhandenen Mitarbeiter aufrechtzuerhalten, geht es bei der Förderung und Entwicklung von Mitarbeitern primär um Entwicklungsziele in der Zukunft und deren planmäßige Umsetzung.

Arbeitsplatzbezogene Mitarbeiterentwicklung

Entwicklungsziel ist die verbesserte Leistungsfähigkeit im derzeitigen Aufgabengebiet. Hilfe bei der Kompetenzanalyse bietet die aktuelle Stellenbeschreibung sowie das Stärken- und Schwächenprofil Ihres Mitarbeiters. Die mittelfristigen Veränderungen im Arbeitsumfeld sind zu berücksichtigen.
Beispiele für entsprechende Entwicklungsmaßnahmen können sein: Training on the job, gezielte Coaching- und Unterweisungsmaßnahmen von Ihrer Seite als Vorgesetzer, Einarbeitungsprogramme, Patenschaften, Übernahme von Sonderaufgaben oder geeignete Seminare zur gezielten Verbesserung der Kompetenz in verschiedenen Bereichen.

Horizontale Mitarbeiterentwicklung

Entwicklungsziel ist die Entwicklung des Mitarbeiters auf gleicher Ebene in ein anderes Aufgabengebiet. Hilfe bei der Kompetenzanalyse bietet wiederum die Stellenbeschreibung sowie das Stärken- und Schwächenprofil des Mitarbeiters. Bei der horizontalen Mitarbeiterentwicklung ist das Kompetenzprofil die zukünftige Aufgabe.
Beispiele für entsprechende Entwicklungsmaßnahmen können sein: Projektarbeit, Übernahme von Patenschaften, Einarbeitungsprogramme, Training on the Job, Coaching durch den Vorgesetzen, Übernahme von Zusatzaufgaben, Tagungen, Messen, Schulungen und Seminare.

Vertikale Mitarbeiterentwicklung

Entwicklungsziel hier ist die Entwicklung und Vorbereitung des Mitarbeiters auf weiterführende Aufgaben als Vorgesetzer und/ oder Fachgebietsexperte. Hilfe bei der Kompetenzanalyse bietet wiederum die Stellenbeschreibung und das Kompetenzprofil der zukünftigen Aufgabe sowie das Stärken- und Schwächenprofil des Mitarbeiters. Die Potenzialanalyse des Mitarbeiters ist weiterhin wesentliche Grundlage für die Kompetenzanalyse.
Beispiele für entsprechende Entwicklungsmaßnahmen können sein: Projektarbeit (leitend), Übernahme von Patenschaften, Einarbeitungsprogramme, Training on the Job, Trainee in Fachabteilungen, Job Rotation, Mentoring, internationale Entsendung, Tagungen, Messen, Schulungen, Seminare, Teilnahme an einem unternehmensspezifischen Förderungsprogramm für Nachwuchsführungskräfte.

Das Fördergespräch: Was braucht und will Ihr Mitarbeiter?

Die Erfassung des Förderbedarfs und der vorhandenen Potenziale sind wichtige Voraussetzung für die spätere planmäßige Umsetzung. Den Förderbedarf ermitteln Sie in Verbindung mit dem Mitarbeitergespräch, parallel zur Zielvereinbarung oder

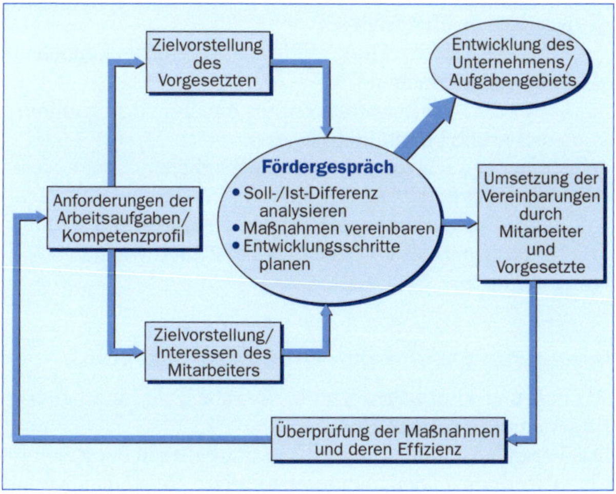

Vom Fördergespräch zu neuen Aufgaben

z.B. im Beurteilungsgespräch. Die Handhabung in den Unternehmen ist individuell verschieden und dem jeweiligen Verständnis des Führungsprozesses angepasst.
Sind in Ihrem Unternehmen Zielvereinbarungen getroffen worden und entsprechende Zielvereinbarungsgespräche eingeführt, so werden z.B. parallel Fördergespräche eingeführt, um den entsprechenden Förderbedarf festzustellen. Fördergespräche können z.B. jedes zweite Jahr stattfinden. In den letzten zehn Jahren der beruflichen Tätigkeit eines Mitarbeiter können diese Gespräche einvernehmlich variabel ausgesetzt werden. Dies hängt von den gesamtbetrieblichen Vereinbarung ab.

Und so gehen Sie vor:

- Ausrichtung am Entwicklungsziel
  - Solide Vermittlung mit Praxisbezug
  - Entwicklen zur Leistungsverbesserung
  - Denken in Fähigkeiten

- Realistische Erwartungen
  - Weitere Entwicklung auf jeder Stufe rückgekoppelt mit Zielerreichung.
  - Je höher die Erwartungen, desto mehr wird Eigeninitiative und Flexibilität erwartet.
- Solider Erwerb von Fähig- und Fertigkeiten
  - Entwicklung braucht Zeit.
  - Die Entwicklung von Fähigkeiten und Fertigkeiten setzt Kenntniserwerb und praktische Anwendung voraus.

Mitarbeiter entwickeln – Mitarbeiter verlieren?

Als Führungskraft haben Sie die Aufgabe, Ihre Mitarbeiter zu fördern und zu entwickeln.
Das Paradoxe daran ist, dass Ihre Mitarbeiter in der Regel Ihr Verantwortungsfeld als Vorgesetzter in der Regel dann verlassen, wenn sie einen maximalen Entwicklungsstand erreicht haben. Natürlich haben Sie im Interesse Ihres Unternehmens die Verpflichtung, Ihre gut entwickelten Mitarbeiter zu benennen und weiterzugeben, um damit dem Unternehmen den maximalen Nutzen am Potenzial des Mitarbeiters zu ermöglichen.
Für Sie als Vorgesetzten ist das nicht immer einfach, weil Sie auf der einen Seite auf „gut entwickelte Mitarbeiter" angewiesen sind, um Ihre Zielvorgaben zu erreichen und damit gerade bewährte Mitarbeiter nur sehr ungern gehen lassen. Andererseits möchten Sie ihnen keine Steine in den Weg legen oder ihnen den Weg „in neue Entwicklungsstufen" verbauen.
Der Tausch ist für Sie immer mit zusätzlicher Belastung verbunden. Entweder kommt ein neuer Mitarbeiter und muss wieder „ganz von unten" anfangen und ist erst nach einer gewissen Zeit als produktive Kraft zu sehen, oder es kommt kein neuer Mitarbeiter (wegen Personalmangel oder Budgetproblemen), was zur Folge hat, dass Sie die Aufgaben des ausscheidenden Mitarbeiters auf die anderen Mitarbeiter in der Gruppe verteilen müssen.

Ist „Coaching“ Führung?

Coaching ist zu einem Modebegriff geworden, der fälschlicherweise für viele Führungsinstrumente und -tätigkeiten herangezogen wird. Er hat seinen Ursprung im Leistungssport und bedeutet soviel wie „einpauken“, „trainieren“, „Anweisungen und Tipps geben“.

In der Personalentwicklung ist davon nur noch das Ziel „Leistungsverbesserung“ geblieben. Nach dem Motto „Der Gegner im Kopf ist schlimmer als der Gegner auf der anderen Seite des Netzes“ geht es vorwiegend darum, im Rahmen von Einzelunterstützung, Einzelberatung, Einzelunterweisung und individuellem Einzeltraining innere persönliche Hindernisse des Mitarbeiters aus dem Weg zu schaffen, die seiner Leistungserbringung und -steigerung entgegenstehen.

Coachen ist nicht führen. Coachen hat einen „beratenden“ Aspekt, während Führen bedeutet, Resultate zu erzielen und damit den Zweck Ihres Unternehmens zu verwirklichen. Nicht die Veränderung von Menschen und auch nicht die Beseitigung ihrer Schwächen ist Ihre Aufgabe als Führungskraft, sondern die Umsetzung von menschlichen Stärken und Kompetenzen in unternehmerische Ergebnisse.

Das ist der eigentliche Grund, warum man Führungskräfte braucht. Es ist Ihre Aufgabe, die Stärken der Menschen, die Ihre jeweilige Organisation hat, zu nutzen und es ihnen auf diesem Wege zu ermöglichen, auch persönlich erfolgreich zu sein, indem sie eine Leistung für das Unternehmen erbringen.

Der Führungs- und Leistungsprozess ist dabei an Verantwortung, Leistung und Disziplin festgemacht. Dies zeigt sich in der Regel erst, wenn Schwierigkeiten auftreten und es nicht mehr genügt, Leute bei Laune zu halten und Probleme persönlichen Ursprungs in den Vordergrund zu stellen. Dann ist Leistung gefragt und echte Führung.

Auf den Punkt gebracht:

Nur die konsequente Wahrnehmung der Führungsaufgaben im Rahmen eines unternehmenseinheitlich geregelten Führungsprozesses stellt Ihren Führungserfolg nachhaltig sicher

Wenn Sie

- Ihre Mitarbeiter orientieren und mit ihnen konkrete, überprüfbare und für sie erreichbare und reizvolle Ziele vereinbaren,
- Ihre Mitarbeiter loslassen und ihnen im Rahmen der vereinbarten Ziele fest definierte Freiräume geben,
- Ihre Mitarbeiter kontinuierlich überprüfen,
- die Aktivitäten Ihrer Mitarbeiter zeitnah mit Feedback begleiten, indem Sie Leistungen loben und Fehlverhalten konstruktiv kritisieren,
- Ihre Mitarbeiter bewusst und individuell motivieren,
- Fehlzeiten auf den Grund gehen,
- Konflikte schon in der Entstehung erkennen und entschärfen oder einvernehmlich regeln,
- Mobbing jede Basis entziehen, indem Sie Ihre Mitarbeiter zu einem funktionierenden sozialen System zusammenführen,
- Ihre Mitarbeiter kontinuierlich beurteilen und ihnen Ihre Beurteilung zugänglich und nachvollziehbar machen,
- neue Mitarbeiter behutsam einführen und integrieren,
- die Entwicklungspotenziale Ihrer Mitarbeiter ermitteln und gemeinsam mit ihnen im Sinne Ihres Unternehmens und der individuellen Vorstellungen ausschöpfen

werden Sie auf motivierte Mitarbeiter zählen können, die sich im Rahmen eines positiven Arbeitsklimas engagiert für ihre Aufgaben, ihre Abteilung und ihr Unternehmen einsetzen und Sie werden sich selber den Rücken für die wirklich entscheidenden Dinge freihalten können.

Literaturangaben

- Fisher, K.; Rayner, S.; Belgard, W.: Tipps für Teams, 416 Regeln für den Teamerfolg. Landsberg 1995
- Kießling-Sonntag, J.: Handbuch Mitarbeitergespräche. Berlin 2000
- Kratz, H.-J.: Chef-Checkliste Mitarbeiterführung. Regensburg 1999
- Malik, F.: Führen, Leisten Leben. Wirksames Management für eine neue Zeit. Stuttgart, München 2000.
- Rentrop, N. (Hrsg): Handbuch für den Vorgesetzten, Loseblattsammlung. Bonn1998
- Schulz von Thun, Friedemann: Miteinander reden, Teil 1 und 2. Reinbek 2001
- Thönneßen, J.: Macher oder Teammanager, Mitarbeiterführung in der Praxis. München 1996

Stichwortverzeichnis